大江戸見聞録

江戸文化歴史検定 公式テキスト【初級編】

はじめに

東京都歴史文化財団 江戸東京博物館 館長　竹内　誠

江戸時代の特色は、なんといっても二世紀余にわたり平和がつづいた、ということにありましょう。平和な時代なればこそ、経済も文化も大いに発達しました。政治の中心都市・江戸は、徳川家康《とくがわいえやす》が入府以来、天下の総城下町として、城を中心に堀割《ほりわり》の開鑿《かいさく》や低湿地の埋め立てが行なわれました。そして、日本橋《にほんばし》の架橋や神田上水《かんだじょうすい》などの都市基盤が整えられ、見附《みつけ》や木戸、広小路、火の見、時の鐘などの都市施設が整備されました。

その江戸では、諸大名が参勤交代で出府して藩邸に住まいし、また諸国からやってきた商人や職人、芸能者などのさまざまな人々が下町を中心に集住し、その商才や技を競い合っていました。

一八世紀初頭には、人口一〇〇万を超す巨大都市に成長しました。この大江戸に住む人々の暮らしのなかから、四季折々の年中行事や祭りが生まれ、洗練された美意識や生活文化が形成されました。また、寺子屋《てらこや》が発達し、その識字率は世界でも最高の水準に達し、出版文化も隆盛をきわめました。

こうして築かれた伝統は、江戸が東京と改称された近代以降も、人々の生活のそこかしこに継承されてきました。江戸の文化や意識のなかには、学ぶべきものが多かったからでしょう。また、環境にやさしい循環型社会の知恵や、多くの災害を乗り越えた都市再生の活力にも、学ぶべきところがあります。

しかし、現在の急速な社会変貌により、そうした伝統は消滅しつつあります。今こそ、江戸をあらためて見直し、将来の東京を展望するよすがとする意義は、ひじょうに大きいと思います。

本書が、そのことに少しでもお役に立つならば、このうえない喜びであります。

大江戸見聞録地図
足立区
葛飾区
荒川区
墨田区
台東区
江東区
中央区
日光道中
千住大橋
千住
北千住
木母寺
向島百花園
橋場
墨堤
浅草寺
長命寺
寛永寺
湯島天神
湯島聖堂
不忍池
上野
神田明神
神田
浅草
吾妻橋
大川（隅田川）
亀戸天神
柳橋
浅草橋
両国橋
回向院
本所
新大橋
森下
人形町
（二丁町）
日本橋
東京
八丁堀
深川
（佐賀町）
永代橋
富岡八幡宮
佃島
荒川

練馬区
板橋区
石神井川
北区
中山道
飛鳥山
豊島区
池袋
卍雑司ヶ谷鬼子母神
卍護国寺
文京区
神田川
中野区
新宿区
新宿
四谷
江戸城
（皇居）
甲州道中
千代田区
⛩日枝神社（山王権現）
増上寺卍
愛宕山
渋谷区
渋谷
港区
⛩芝大神宮（芝神明）
三田
世田谷区
目黒区
泉岳寺卍
東海道
高輪
目黒不動卍
目黒
品川
目黒川
品川宿
品川区
凡例
墨引内
朱引内
街道
海岸線（推定）
区境
JR線
公園・緑地

江戸略年表

西暦	年号	できごと
1590	天正18	家康の江戸入部。
1600	慶長5	関ヶ原の戦い。
1603	8	家康、征夷大将軍となる。江戸幕府開府。
1613	18	伊達政宗、支倉常長を欧州に派遣（慶長遣欧使節）。
		全国にキリスト教禁止令。
1614	19	大坂冬の陣。
1615	元和1	大坂夏の陣。豊臣氏滅亡。一国一城令。
		武家諸法度・禁中並公家諸法度を制定。
1620	6	秀忠の娘・和子入内。
1635	寛永12	日本人の海外渡航・帰国を厳禁。
		参勤交代を制度化し、大船建造を禁止。
1636	13	箱根関所を設置。
1637	14	島原の乱（～1638）。
1641	18	平戸のオランダ商館を長崎出島に移す。
1651	慶安4	慶安事件で、由井正雪が自殺。
1654	承応3	玉川上水の完成。
1657	明暦3	明暦の大火（振袖火事）。江戸城本丸などを焼失。
1663	寛文3	三都に定飛脚問屋が成立。
1672	12	河村瑞賢、西廻り航路を開設。
1673	延宝1	江戸の本町1丁目に三井越後屋開店（1683に駿河町に移転）。
1685	貞享2	生類憐みの令（1709まで繰り返し発令）。
1688	元禄1	大坂堂島米市場を設置。
1694	7	江戸十組問屋が成立。
1702	15	赤穂浪士仇討ち事件。
1709	宝永6	新井白石、登用される（正徳の治）。
1716	享保1	吉宗、将軍となる（享保の改革、～1745）。
1720	5	江戸市中に町火消いろは47組を設置（のち48組）。
1730	15	大坂堂島仲買人による米相場の公認。
1732	17	蝗害のため、山陽・南海・西海・畿内で大飢饉（享保の大飢饉）。
1742	寛保2	公事方御定書を制定。
1765	明和2	錦絵誕生。
1772	安永1	田沼意次、老中となる。江戸大火（目黒行人坂火事）。

人物生存年表

人物	生没年
徳川家康（初代）	1542～1616
大久保彦左衛門	1560～1639
金地院崇伝	1569～1633
天海	？～1643
沢庵	1573～1645
徳川秀忠（2代）	1579～1632
林羅山	1583～1657
猿若（中村）勘三郎	1597？～1658
徳川家光（3代）	1604～1651
河村瑞賢	1618～1699
三井高利	1622～1694
徳川家綱（4代）	1641～1680
井原西鶴	1642～1693
松尾芭蕉	1644～1694
徳川綱吉（5代）	1646～1709
初代坂田藤十郎	1647～1709
大石内蔵助	1659～1703
初代市川団十郎	1660～1704
徳川家宣（6代）	1662～1712
紀伊国屋文左衛門	？～1734
大岡忠相	1677～1751
徳川家継（7代）	1709～1716

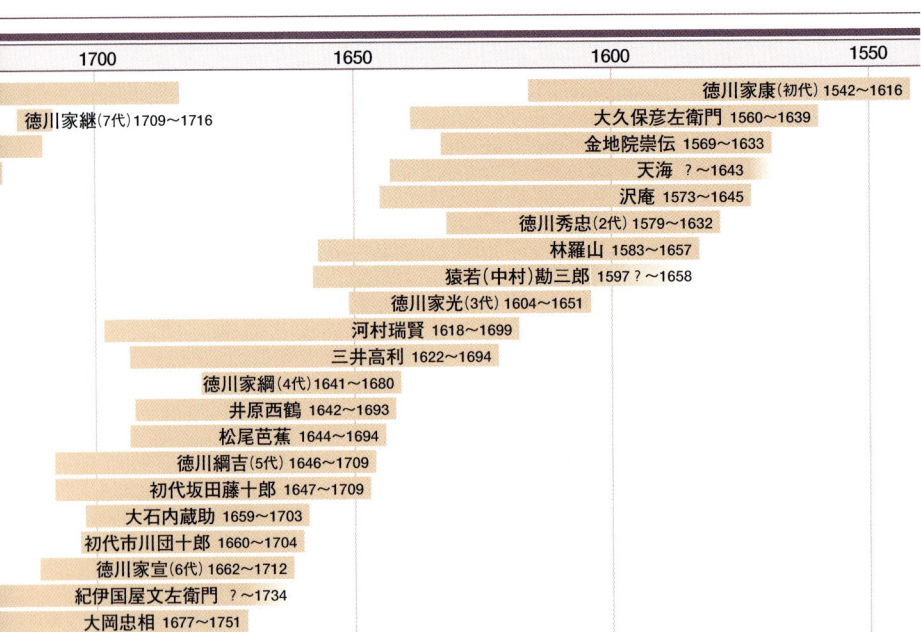

西暦	年号	出来事
1783	天明3	浅間山大噴火。この年から、大飢饉が始まる（天明の大飢饉）。
1787	7	松平定信、老中首座となる（寛政の改革、～1793）。
1799	寛政11	東蝦夷地を幕府直轄地とする。
1804	文化1	ロシア使節レザノフ、長崎に漂流民を護送し、通商を要求。
1805	2	関東取締出役（八州廻り）を設置。
1806	3	江戸芝で大火（丙寅の大火）。
1808	5	間宮林蔵ら、樺太を探検。
1818	文政1	イギリス人ゴルドン、浦賀に来航して通商を要求。
1825	8	異国船打払令。
1828	11	シーボルト事件。
1833	天保4	天保の飢饉始まる。
1837	8	大坂で大塩平八郎の乱。
1839	10	渡辺崋山・高野長英ら捕らえられる（蛮社の獄）。
1841	12	天保の改革始まる（～1843）。
1853	嘉永6	アメリカ東インド艦隊司令長官ペリー、遣日国使として浦賀に来航。ロシア使節プチャーチン、長崎に来航。
1854	安政1	ペリー、再来航。日米和親条約を締結。下田・箱館を開港。日章旗を日本国総船印に制定。日英・日露和親条約に調印。
1855	2	江戸大地震（安政江戸地震）。
1857	4	アメリカ公使ハリス、登城して将軍と謁見、大統領の親書を提出。
1858	5	日米修好通商条約に調印。安政の大獄始まる。
1859	6	神奈川・長崎・箱館を開港し、露・仏・英・蘭・米との自由貿易を許可。
1860	万延1	咸臨丸（勝海舟艦長）、太平洋を横断。井伊直弼、殺害される（桜田門外の変）。
1862	文久2	老中・安藤信正、襲われる（坂下門外の変）。家茂と皇女和宮の婚儀。
1864	元治1	長州藩が挙兵し、幕軍と交戦（禁門の変）。幕府、第一次長州征討を命ず。英・米・仏・蘭の艦隊、下関を砲撃。
1865	慶応1	第二次長州征討を命ず。
1867	3	「ええじゃないか」運動、伊勢御蔭参り流行。徳川慶喜、大政奉還。王政復古の大号令。小御所会議開かれる。
1868	明治1	鳥羽・伏見の戦い（戊辰戦争始まる）。五箇条の御誓文。江戸開城。上野彰義隊戦争。明治と改元し、一世一元の制を定める。
1869	2	関所を撤廃。東京遷都。箱館五稜郭の戦い（戊辰戦争終結）。版籍奉還。

1900　1850　1800　1750

- 歌川国貞 1786～1864
- 徳川吉宗(8代) 1684～1751
- 大塩平八郎 1793～1837
- 徳川家慶(12代) 1793～1853
- 徳川家重(9代) 1711～1760
- 歌川広重 1797～1858
- 田沼意次 1719～1788
- 緒方洪庵 1810～1863
- 前野良沢 1723～1803
- 歌川国芳 1797～1861
- 平賀源内 1728～1779
- 勝海舟 1823～1899
- 杉田玄白 1733～1817
- 井伊直弼 1815～1860
- 徳川家治(10代) 1737～1786
- 徳川家定(13代) 1824～1858
- 大田南畝 1749～1823
- 吉田松陰 1830～1859
- 喜多川歌麿 1753?～1806
- 福沢諭吉 1834～1901
- 鶴屋南北 1755～1829
- 坂本龍馬 1835～1867
- 松平定信 1758～1829
- 葛飾北斎 1760～1849
- 土方歳三 1835～1869
- 山東京伝 1761～1816
- 榎本武揚 1836～1908
- 鍬形蕙斎 1764～1824
- 徳川慶喜(15代) 1837～1913
- 十返舎一九 1765～1831
- 曲亭馬琴 1767～1848
- 高杉晋作 1839～1867
- 初代歌川豊国 1769～1825
- 徳川家茂(14代) 1846～1866
- 徳川家斉(11代) 1773～1841
- 式亭三馬 1776～1822
- 3代中村歌右衛門 1778～1838

目次

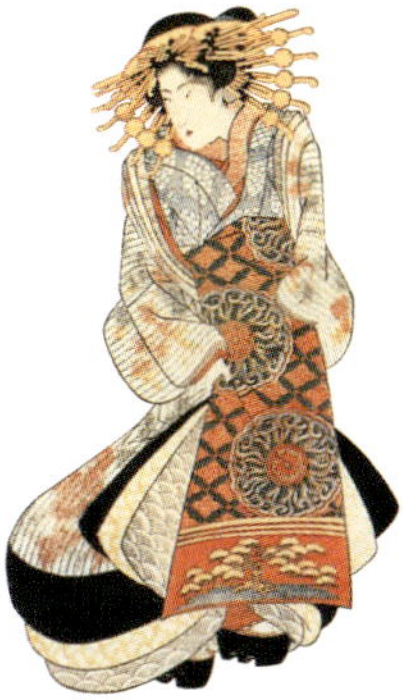
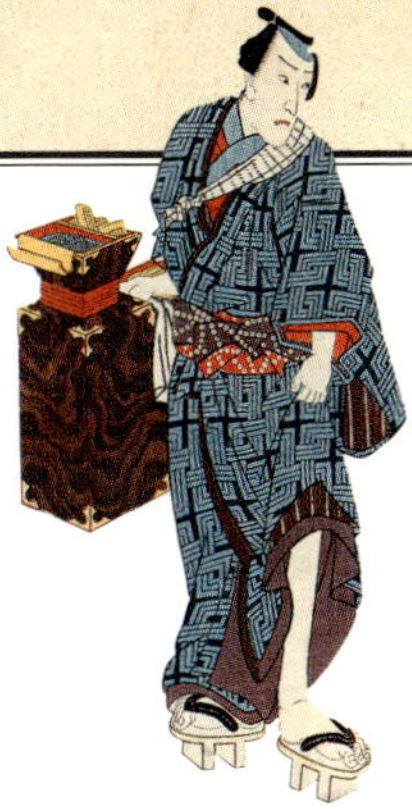

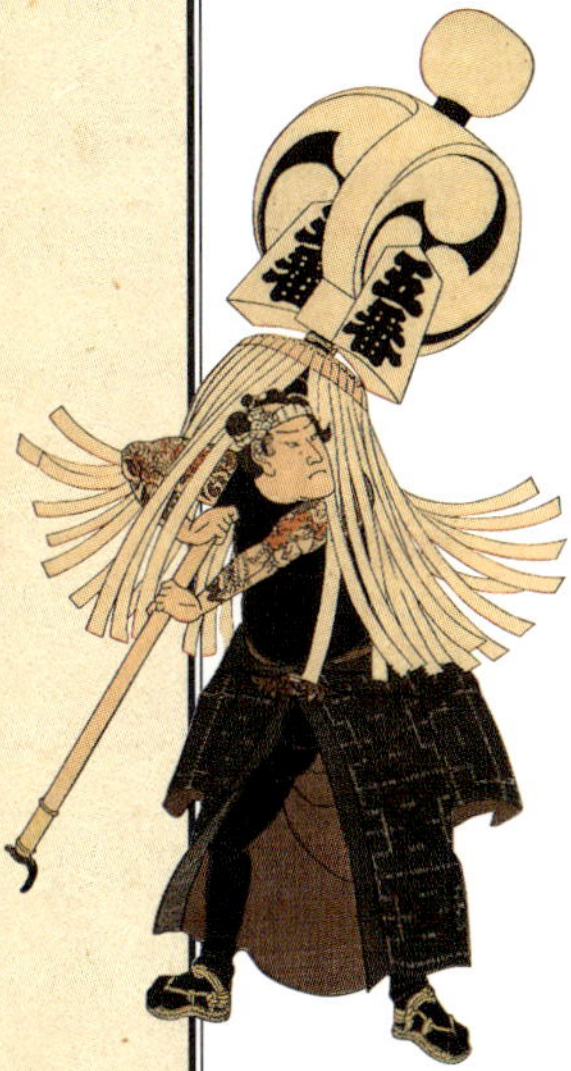

【コラム】

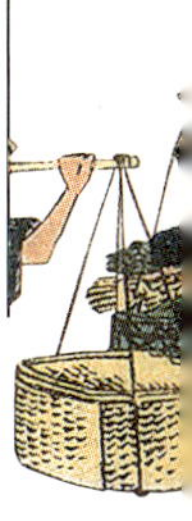

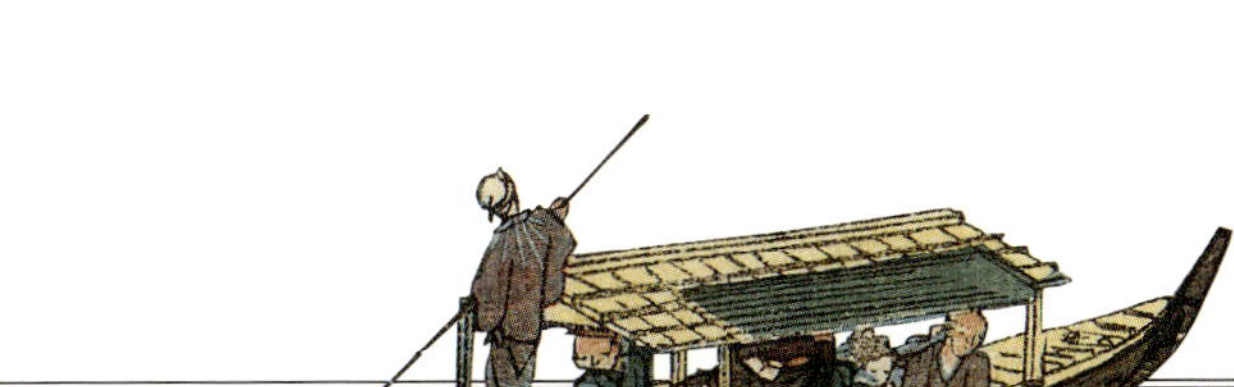

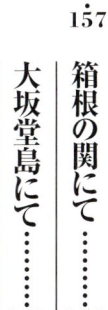

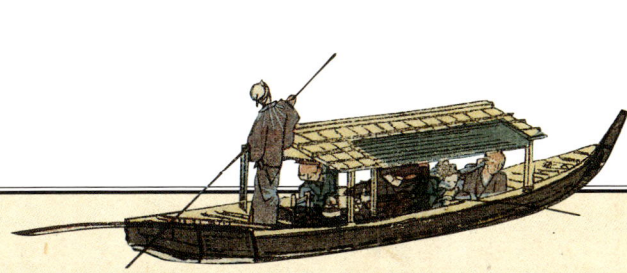

装画・イラストマップ　菊地ひと美
ブックデザイン　津村陽子

江戸の町、江戸の暮らし

江戸のシンボル日本橋、大名屋敷が多い山の手、歌舞伎芝居を見るなら中村座、風流な舟遊びの隅田川、江戸最古の歴史を誇る浅草寺、庶民が暮らす深川の長屋、東海道第一番目の宿場品川宿――とびきりの案内人とめぐる七つの場所。さて、どんな「江戸」と出会えるだろう。

岩本町
小伝馬町
牢屋敷
小伝馬町駅
今川橋
交差点
江戸通り
日本橋
小伝馬町
時の鐘
新日本橋駅
昭和通り
日本橋本町
中央通り
十軒店
日本橋本町
三井本館
三井記念美術館
三井越後屋
駿河町
三越前駅
日本橋室町
日本橋
三越本店
日本橋
小舟町
日本橋
本町
日本橋室町
江戸橋
魚河岸
日本橋川
日本橋
高札場

其之壱

日本橋にて

江戸で繁華なところ、大店《おおだな》が軒を連ねるところといえば、まずいちばんに日本橋《にほんばし》界隈があげられよう。五街道の基点、日本の中心ともいえる日本橋の上に立てば、かつては江戸城や富士山まで見渡せたとか。橋の上で出会った近所のご隠居さんの案内で、魚河岸《うおがし》や大店のにぎわいを眺めながら、神田《かんだ》今川橋《いまがわばし》まで日本橋通りをぶらりと歩いてみれば——

【日本橋《にほんばし》】早朝、大名行列の一行が北から南へ橋を渡っていくところを描いたもの。歌《うた》川広重《がわひろしげ》『東海道五十三次《とうかいどうごじゅうさんつぎ》　日本橋《にほんばし》　朝之景《あさのけい》』山口県立萩美術館・浦上記念館

日本橋の上で

どうです、あなた。にぎやかなものでしょう。なんといっても天下一のにぎわいですからねえ。あなたのように橋の真ん中でぼんやりしてたら、怒鳴られるわ、突き飛ばされるわ、危なくてしょうがない。見てられたものじゃありません。もっと端にお寄りなさい。

ここから見る景色は、なかなかのものでございましょう。一石橋《いっこくばし》の向こうにお城が見えて、富士山が見えます。いかにも、日本の真ん真ん中って感じがするでしょう。それが証拠に、東海道《とうかいどう》や中《なか》山道《せんどう》、つまり五街道全部がここから始まってるんですから。

この*日本橋は、徳川家康《とくがわいえやす》公が江戸に幕府を開かれてすぐの慶長《けいちょう》8年（1603）に架けられましてね。何度か火事で焼けましたが、そのたびに立派に架け替えられたんです。

なんといっても「御公儀橋《ごこうぎばし》」ですからね。この

＊日本橋
日本橋川に慶長8年に架けられ、翌年に五街道の基点とされた。元和4年（1618）の再建時の長さは、37間4尺。現在の日本橋は、明治44年（1911）に完成した石造二連アーチの橋。

現在は首都高速道が日本橋の上を覆っているが、移設も考えられている

【日本橋】日本橋の上から、一石橋《いっこくばし》の向こうに江戸城と富士山を眺めた図。葛飾北斎《かつしかほくさい》『冨嶽三十六景《ふがくさんじゅうろっけい》　江戸日本橋《えどにほんばし》』江戸東京博物館

＊擬宝珠《ぎぼし》をご覧なさい。これがついているのは、お城の御門に入る橋と、町方ではこの橋と京橋《きょうばし》と新《しん》橋《ばし》だけしかない。

向こうの南の橋詰《はしづめ》の＊高札場《こうさつば》は、ご覧になったんでしょう。あの高札場は慶長11年にできたんですが、江戸ではほかにも常磐橋《ときわばし》外、浅草橋《あさくさばし》内、筋違《すじかい》橋《ばし》内、高輪《たかなわ》の大木戸《おおきど》、半蔵門《はんぞうもん》外の六か所が大高札場といわれてます。ほかにも高札場は三五か所もあるそうですよ。

それにしても、ここはうるさくて、私のような年寄りの声じゃ聞こえるものも聞こえやしません。ともかく橋の向こうに渡ってしまいましょう。で、よかったら、ちょいと今川橋《いまがわばし》のほうへ一緒に歩こうじゃありませんか。

えっ、今川橋を知らない？　たしかに見かけからして江戸のお人じゃないってことはわかりますがね。

なるほど旅のお方ですか。これから伊勢《いせ》へ行かれる。ほう、金毘羅詣《こんぴらもう》でも。そりゃ豪儀だ。

＊擬宝珠

橋の欄干の柱頭などに取り付けられた、銅製の宝珠形の飾り。擬宝珠があると、幕府が管轄する公儀橋ということになる。

＊高札場

法令や禁令などの触書《ふれがき》を、木の札に書き記して掲げたところ。橋詰や町の辻など人通りの多い場所に設けられ、幕府の威信を示すため、土台を一段高くつくり、柵などで囲って保護した。

高札場の模型　品川歴史館

【日本橋と魚河《うおが》岸《し》】画面手前に魚が荷揚げされる様子や、鮮魚を売る板舟が連なる魚市場が見える。歌川広重『東都《とうと》名所《めいしょ》　日本橋《にほんばし》真景《しんけい》并《ならびに》魚市全図《うおいちぜんず》』（部分）　江戸東京博物館

意気と威勢の魚河岸

こっちの北の橋詰《はしづめ》はほら、ご覧のとおりの魚河《うおが》岸《し》。江戸には日に三〇〇〇両が落ちるといわれてましてね。川柳《せんりゅう》に「なんのその日に千両は朝のうち」っていうくらいなもんです。

この市場は、やはり家康《いえやす》公が入府なされたときに摂津《せっつ》の漁民が三〇人ほど一緒に移ってきたんですが、その人たちが、白魚漁の権利をいただいて、お城に納めた残りを売ったのが始まりだといわれてます。今では、*四《し》組問屋《くみどいや》のみなさんがこのあたりを中心に商売してるわけです。

危ないですよ、ほら。魚河岸の連中は、魚だけじゃなくて、働いているのも生きがいいのが売りものだから。別に喧嘩《けんか》してるわけじゃありませんよ。でも慣れないと、売り値のせり合いも喧嘩に聞こえちまうでしょうねえ。

それにしても、橋の上から見ましたか？　船の数だって大変なものだったでしょう。江戸前の海

＊四組問屋

日本橋魚河岸につくられた魚問屋組織。本小田原町組、本船町組、本船町横組、安針町《あんじんちょう》組の4つからなっていたので、こう呼ばれた。

【魚河岸の荷揚げ】数人で漕ぐ押送船《おしおくりぶね》が日本橋川をのぼり、魚河岸へ着いてから魚問屋の納屋《なや》へ魚が運び込まれる様子が描かれている。昇亭北寿《しょうていほくじゅ》『東都《とうと》日本橋風景《にほんばしふうけい》』江戸東京博物館

辺はもちろんですが、相模《さがみ》や伊豆《いず》、上総《かずさ》や安房《あわ》、遠いところだと駿河《するが》や遠江《とおとうみ》から来てるっていうんだから。あの船は生ものを載せてるから、＊押送《おしおくり》船《ぶね》といって、とっても速いんです。

それがみんな河岸に横づけされる。この日本橋《にほんばし》川《がわ》だけじゃなく、江戸中に水路はありますからね、なんでも船で入ってきます。河岸っていうとすぐに魚河岸っていいますけど、このあたりには米河岸、塩河岸、材木河岸とありますし、上方《かみがた》からの下り物だって、積み替えられて、河岸に入ってくるんですよ。

伊勢町のご隠居

ほうら、少し道がすいてきた。話も通りやすくなりました。あそこに「いせや」って暖簾《のれん》があるでしょう。あなたがこれから行こうっていう伊勢《いせ》国から出てきて、商売してる人は多いから、いろんな商売に伊勢屋さんがある。「江戸名物、伊勢屋、稲荷《いなり》に犬の糞」っていわれるのも、無理はな

＊押送船　房総などの漁村から、江戸の魚問屋に鮮魚を運んだ高速の船。風向きを問わず八丁櫓《はっちょうろ》を押して走るために、この名がついた。

【「いせや・伊勢屋」の暖簾《のれん》】商標と屋号が染め抜かれた暖簾が掛かる。店内では商談中のよう。『熙代勝覧《きだいしょうらん》』より。『熙代勝覧』については18ページ参照。

【日本橋界隈】『熈代勝覧』は、文化2年（1805）ごろの江戸の、今川橋から日本橋までの日本橋通りを描いた絵巻で、長さは約12m。88の商家と1671の人物が克明に活写されている。『熈代勝覧』（部分）ドイツ、ベルリン東洋美術館

いかもしれませんね。

えっ？　お前は誰だって？　こりゃ申し訳ないことをした。私は、この先を右に入った伊勢町ってところの喜兵衛《きへえ》と申します。もう隠居の身で、お節介が仕事みたいなもんです。このあたりを案内するくらいの時間なら、たっぷりありますよ。まあ、お任せなさい。

そうそう、この日本橋界隈《かいわい》はご開府当時からの古い町でね。江戸の前島《まえじま》なんていわれて、京橋《きょうばし》あたりから先は日比谷《ひびや》入江《いりえ》って海とつながっていたので、＊神田山《かんだやま》を切り崩して埋め立てたんですよ。

＊伊勢町って名も、やっぱり最初は伊勢から来た人たちが住んだからなんでしょうよ。

いま歩いているこの通りが日本橋通り。江戸の町は、通りの両側が同じ町名の「両側町」が原則でね。この先の本町、本石町《ほんこくちょう》、本銀町《ほんしろがねちょう》なんかは、丁目もお城に近いほうから一、二、三とふられてます。

俗に「大江戸八百八町」といいますがね、ご開

＊神田山→p43

＊伊勢町の町名
由来には二通りあり、伊勢の人が移住したという説のほか、北条氏の一族が小田原城陥落後に伊勢氏と称してこの地に居住し、子孫が名主を務めたからともいわれる。

＊神田の青物市場
慶長年間（1596〜1615）に、現在の神田須田町《すだちょう》付近に青物商を集めて幕府の御用市場としたもので、千住《せんじゅ》・駒込《こまごめ》とともに江戸の三大やっちゃば（青果市場）にあげられる。関東大震災（1923）後、外神田へ移転し、さらに平成元年に大田区へ移転した。

府のころの古町は三〇〇くらいといわれてまして、それが今じゃ一六〇〇～一七〇〇町ほどにも膨れあがってます。江戸の者にだってよくわからないくらいになっちゃいました。
　魚市場のつぎはほら、道端に八百屋物を広げた商人が増えたでしょう。前栽《せんざい》（野菜）売りといいましてね、きっと神田*の青物市場から仕入れてきたんでしょうな。ここからじゃ、たいした手間もかからないところですからね。

大店が並ぶ室町

　はい、この町木戸を過ぎると室町《むろまち》二丁目になります。木戸は夜の四つには閉じられて、明け六つに開けられるんだが、その間は原則通り抜け禁止。江戸の治安のひとつの要《かなめ》ですよ。木戸のわきにあるのが木戸番で、もう片側が自身番。町の費用で番人を雇ったりして運営しています。

　この先の通本町《とおりほんちょう》の番屋では、草鞋《わらじ》・箒《ほうき》・ちり紙なんかも売ってましてね、ちょっとした買い物

【自身番（右）と木戸番】 自身番は現代の町会事務所。家主が交代で務める「月行事《がちぎょうじ》」と書役《かきやく》の詰所として使われた。ふたつの番小屋は、木戸の左右に一対となって建っている。『熙代勝覧』より。

【普請中の店】小道具を商う木屋は、4店舗のひとつが建て替え中。法被《はっぴ》や腹掛けに釘《くぎ》抜き繋《つなぎ》模様の股引《ももひき》を穿《は》いた鳶《とび》の衆が、木遣《きや》りを唄いながら地形《じぎょう》（地突き）の最中。『熙代勝覧』より。

ならここですませられます。夏は金魚、冬は焼き芋などを売ったりして、商番屋《あきないばんや》と呼ばれておりますよ。

普請中の建物がありますな。ちょうど、鳶《とび》の若い衆たちが地形《じぎょう》といって、地面を固めているところのようです。鳶は町内鳶といって、火事のときには大活躍します。おや、なかには○に木の字の入った法被《はっぴ》を着ているのがいますねえ。ということは、木屋さんの店抱《たながか》えの鳶ということになりますな。

木屋さんは四軒並びで商売なさっているくらいだから大店には違いない。ほら、「普請の内　蔵にて商買仕候（つかまつりそうろう）」と書いてあるでしょう。火事に備えて蔵をもつのは、商売人の誇りみたいなもんでしょうからね。

さてと、今度は本屋さんだ。須原屋《すはらや》といってね、このごろ評判の板元《はんもと》（出版社）ですよ。江戸で自前の出版が盛んになるのは、宝暦《ほうれき》・天明《てんめい》（1751～89）の田沼《＊たぬま》様の時代からでしてね。毎年正

【本屋】店先の箱看板に「書《しょ》肆《し》・本屋」とある、須原屋《すはらや》市《いち》兵衛《べえ》の店。店内では侍が本を開いて見ている。『熙代勝覧』より。

＊田沼様
10代将軍家治《いえはる》の側用人《そばようにん》・老中《ろうじゅう》になった田沼意次《おきつぐ》（1719～88）のこと。幕政の実権を握っていた宝暦10～天明6年（1760～86）は「田沼時代」と称され、商品経済の発達とともに、黄表紙などの文芸や諸学が発展した。

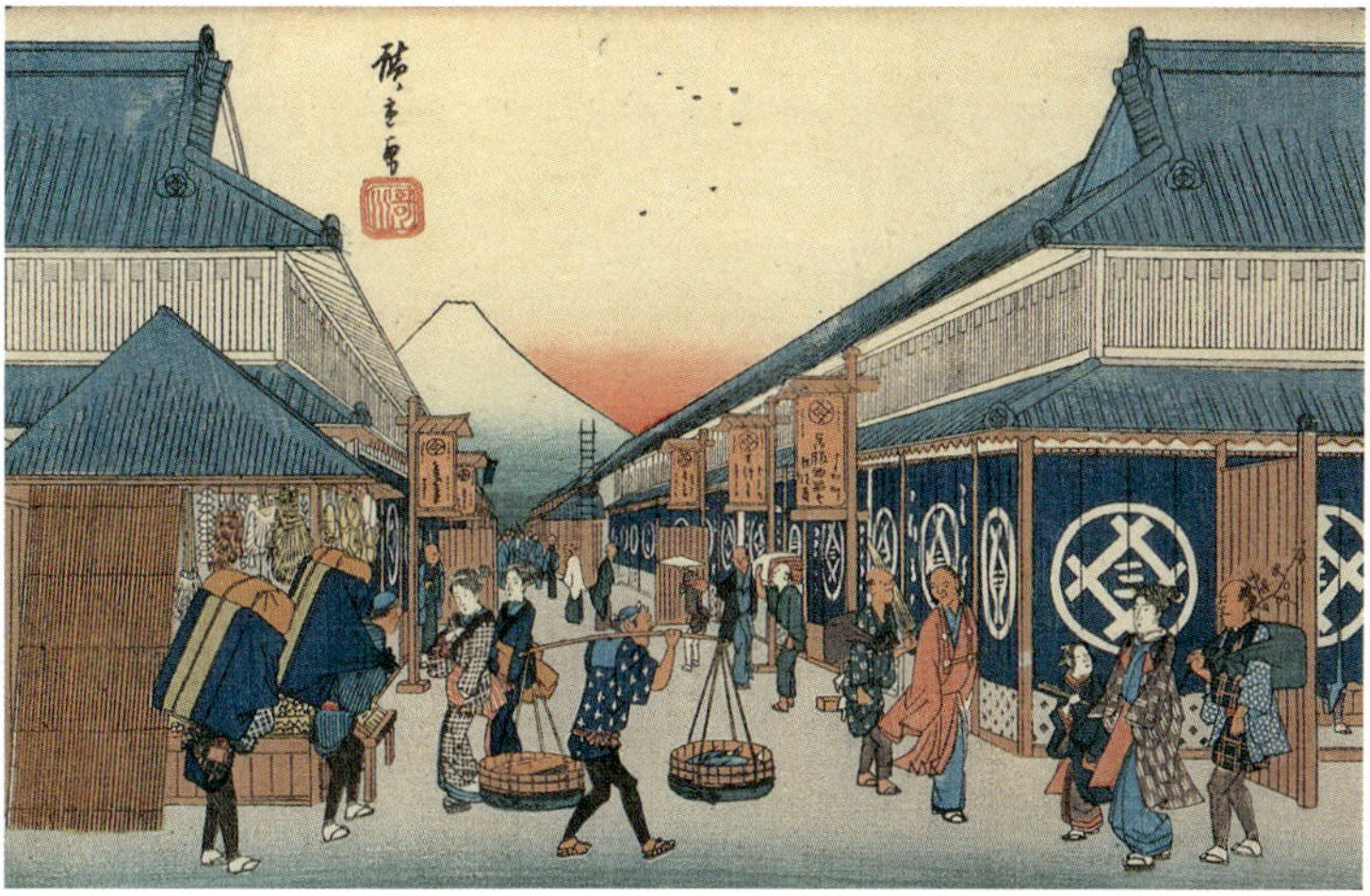

【三井越後屋《みついえちごや》】江戸きっての大店を名所絵として描いたもの。富士山が正面に見えることに由来する駿河町に沿って、店舗を広げた。歌川広重『東都名所　駿河町《するがちょう》之《の》図《ず》』江戸東京博物館

月には新しい*黄表紙《きびょうし》がお店に並んで、お客のほうも行列したりして大変なものです。売れる本なら一万部以上にもなるそうですからね。

でも、この須原屋さんは、黄表紙なんかは売りません。蘭学《らんがく》はご存じですか？

その始まりは、杉田《すぎた》玄白《げんぱく》と前野良沢《まえのりょうたく》の両先生が西洋の医学書を翻訳なさった『解体新書《かいたいしんしょ》』という本なんだが、これを出版したのが須原屋さんです。平賀《ひらが》源内《げんない》先生の『物類品隲《ぶつるいひんしつ》』とか宇田川《うだがわ》玄随《げんずい》先生の『西説内科《せいせつないか》撰要《せんよう》』とか、外国の翻訳本やお堅い本が本領です。

さあ、その先が大変だ。何しろ横丁に面した店先が三五間《けん》という大店でね、*三井越後屋《みついえちごや》さんだ。駿河町《するがちょう》の通りを挟んで向かい側にも店がありましてね、手代《てだい》や小僧が五〇〇人からいる大所帯です。売り上げだって、日に六〇〇両は下らないっていうから驚きですよ。

越後屋とはいっても、別に越後の出じゃありません。伊勢《いせ》松坂《まつざか》の出なんですが、ご先祖に越後守《えちごのかみ》

＊黄表紙
江戸後期に出版された大人向けの滑稽《こっけい》な絵本で、表紙が黄色だったので、こう呼ばれる。

＊三井越後屋
伊勢松坂出身の三井高利《たかとし》が京都に呉服の仕入れ店を、江戸に販売店を開いたことに始まる。江戸店は当初、本町1丁目にあったが、天和3年（1683）に駿河町に移転した。江戸本店は現在の日本橋三越本店。高利は金融業にも乗り出し、京・大坂・江戸で両替商も営んでいた。

【三井越後屋の看板】定価販売を意味する「現銀（現金）掛値《かけね》無し」の商法は、江戸時代では画期的だった。三越資料室

【三井越後屋の店舗（復元模型）】江戸本店を、19世紀前期の図面などに基づいて再現したもの。この模型は駿河町側の店先で、暖簾《のれん》が上下する仕組みになっており、店内の様子が見られるようになっている。江戸東京博物館

を名のった方がいたらしいですな。

ともかく、江戸に出てから大繁盛するきっかけになったのが、そこの暖簾《のれん》にも染め抜かれた「現銀（現金）掛値《かけね》無し」の商法です。天和《てんな》3年に始めたらしいですが、これを江戸中に広めようと考えたのが*引札《ひきふだ》です。「今度、私工夫を以《もって》、呉服物何に不依《よらず》、格別下値にて売出申候《うりだしもうしそうろう》……」って調子の挨拶状をばらまいた。やっぱり大儲けする方は、工夫と知恵が違いますな。

江戸にはほかにも、麹町《こうじまち》五丁目の岩城《いわき》升屋《ますや》、通《とおり》旅籠町《はたごちょう》の下村大丸《しもむらだいまる》、尾張町《おわりちょう》二丁目の亀屋と島田《しまだ》恵《え》比須屋《びすや》などの大店があるんですが、どれも呉服屋さんです。

京の香りと江戸の水

つづく町並みを見ますと、微妙な違いがあるのにお気づきですか。室町《むろまち》三丁目から通本町《とおりほんちょう》に来ると薬屋さんが目立つようになります。看板も「げどく（解毒）」とか薬の名前が増えてきます。

＊引札
商品の宣伝や開店の案内などを印刷した広告用の札で、現代の宣伝用チラシ。

【三井越後屋の店内（復元模型）】店の者と客は、商品を広げる台を挟んで商談した。天井から下がっているのは、各売り場の担当者名を書いた紙。江戸東京博物館

【「江戸の水」と式亭三馬《しきていさんば》の店】江戸城へ向かうメインストリート本町通りに、式亭三馬が経営する薬屋があった。ヒット商品「江戸の水」は、白粉《おしろい》のノリとツキをよくする化粧水。歌川国輝《うたがわくにてる》『東都本町弐丁目之景《とうとほんちょうにちょうめのけい》』江戸東京博物館

そこに「玉屋」という暖簾《のれん》がありますでしょう。そうそう、「雲井香《くもいこう》」という看板も見えます。あの玉屋さんは京の都に本店がある江戸出店でして、雲井香は江戸の娘たちに大人気の香料です。京の香りを江戸で楽しめるってわけです。

どだい、江戸の人たちは上方でつくられたものが大好きで、というより高級なものは江戸のまわりじゃなかなかできなかったんですよ。それは絹ものの呉服だって、お酒だって同じことです。みんな京や大坂からの*下り物でした。それが、だんだん江戸やその周辺で、それなりのものがつくられるようになってきたんです。

女性の化粧品でも、「江戸の水」なんて化粧水が人気になりましてね。これが、かの*式亭三馬《しきていさんば》のお店の商品なんですね。三馬先生は、咳《せき》止めの薬で名高い「仙方延寿丹《せんぽうえんじゅたん》」の関東売弘所《うりひろめじょ》をしてまして、そこで自前で売り出したのが「江戸の水」です。なにせ三馬先生は自分でものをお書きになる方なんで、自作のなかでちゃっかり「江戸の水」

【「雲井香《くもいこう》」の店】紅白粉《べにおしろい》問屋の玉屋では、「雲井香」のほかに「伽羅《きゃら》の油」が人気商品だった。『熈代勝覧』より。

＊下り物
京・大坂の上方でつくられ、地方へ送られた商品。頭に「下り」の文字がつくものには、酒・白粉・傘・瓦・雪駄《せった》などがある。

＊式亭三馬
1776〜1822。浅草生まれの戯作者《げさくしゃ》(小説家)。代表作は『浮世風呂』『浮世床』。

【十軒店《じつけんだな》】本石町の両側に、仮設の小屋掛けの店が10軒ほど並んだところから、この名がつけられたという。3月と5月の節句の前には雛《ひな》と武者の人形市、師走《しわす》には羽子板市が立った。『熈代勝覧』より。

の宣伝をしたりで、大評判になりました。本業よりも稼いでるんじゃないでしょうか。

もっとも、江戸の薬といえば、*山東京伝《さんとうきょうでん》の「読《どく》書丸《しょがん》」、*曲亭馬琴《きょくていばきん》の「奇応丸《きおうがん》」や「神女湯《しんにょとう》」など、戯作者《げさくしゃ》の副業で売り出されているのもけっこうあります。

ここを越えると十軒店《じつけんだな》です。お雛様《ひなさま》はここに限るんですが、あなた小腹はすいてませんか。ここの*二八蕎麦《そば》はちょっといけるんですよ。蕎麦は屋台と思ってるかもしれませんが、三河屋《みかわや》はこんな目抜き通りに店を張ってるんだから、立派なもんです。

そうですか、蕎麦はけっこうと。なら、その先でお茶でも一杯どうですか？　ちいと口を湿らせてからでも遅くはならない。それに水だって江戸の名物です。

このあたりの水は全部水道井戸でね、私の住んでる伊勢町《いせちょう》だけで五〇ほども水道井戸があります。さっきもお話ししましたが、このあたりはほとん

＊山東京伝
1761〜1816。深川生まれの戯作者で浮世絵師。洒《しゃ》落《れ》本《ぼん》や黄表紙で人気を博したが、寛政《かんせい》の改革（1787〜93）のときに、風俗を乱したかどで手鎖《てぐさり》の刑に処された。

＊曲亭馬琴
1767〜1848。姓は滝沢。黄表紙作者から始まって、のちに読本《よみほん》（文章主体の小説）作者として大成した。代表作は『椿説弓張月《ちんせつゆみはりづき》』『南総里見《なんそうさとみ》八犬伝《はっけんでん》』。

＊二八蕎麦
小麦粉2、蕎麦粉8の割合からという説と、代金が長い間16文だったので、2×8＝16の意という説とがある。現代の立ち食い蕎麦同様、手軽で安価な食べものの代表。

【神田上水】神田上水は、井《い》の頭池《かしらいけ》（三鷹市）を水源とする神田川の流れを、関口（文京区）に堰《せき》をつくって江戸市中へ導き、水道水としたもの。関口は芭蕉《ばしょう》ゆかりの地であり、椿の名所でもある。歌川広重『名所江戸百景　せき口上水端《ぐちじょうすいばた》はせを庵椿《あんつばき》やま』江戸東京博物館

どが埋め立ててつくった土地ですから、井戸を掘っても塩っ気のある水しか出ない。ですから、家《いえ》康《やす》公は、自分が江戸に入るときに家来を遣わして水の事情を調査させました。さすがに、えらいお方の考えることは違うもんですな。

　このあたりの水道は*神田上水といいまして、お茶の水の少し上のところで懸樋《かけひ》で外堀を越え、そこからはずーっと地べたの下を水が通ってくるてんですから、江戸はつくづくたいした町です。「水道の水で産湯を使った」のが江戸っ子の自慢になるのも、当然の話でね。

　神田上水だけじゃなくて、江戸には玉川《たまがわ》上水という水道もあります。江戸の西のほうを流れる多《た》摩《ま》川《がわ》という大きな川があるんですが、そこから*四《よっ》谷《や》の大木戸まで一〇里以上あるのを、たった八か月で掘り進んだんですから、たいしたもんでしょう。これも大木戸からこっちは地べたの下です。江戸の町は地面の下に水道が張り巡らされた町なんですね。

＊上水
下水に対し、飲料などに用いられる水で、江戸では最初に神田上水が、次いで玉川上水が完成。江戸市中では、水道水は街路の下に巡らされた木樋を通り、各所の井戸で汲み上げられた。水道使用料は、武士は禄高、町人（地主）は間口に応じて支払った。

＊四谷の大木戸
甲州街道の江戸への入り口に、防衛のために設けられた関門だが、時代とともにその役割は薄れ、幕末には木戸門も取り払われていた。かたわらに玉川上水を管理する水番屋があった。現在の新宿区四谷4丁目交差点付近。

【時の鐘】鐘を撞《つ》いて時刻を知らせるもので、本石町のほか、浅草寺、上野山内、本所横川町、市谷八幡、赤坂田町《たまち》などにあった。写真は、十思《じっし》公園（日本橋小伝馬町）内の鐘楼で保存されている「本石町の時の鐘」。

こんな話を聞いてしまうと、うまいお茶もありがたいだけになっちまいますから、このへんにしておきましょう。

本石町の時の鐘

さてと、ちょうどその先の向かい側の路地を入ったところにあるのが、本石町《ほんこくちょう》の時の鐘です。私らはみんな、ここの明け六つの鐘で朝を迎えて、その時々を知るわけです。時の数だけ撞《つ》くといっても、まずは捨て鐘といって三つ鳴らします。それでみんなの注意を引いておいて、時の数を撞くことになります。

*芭蕉《ばしょう》の句に「花の雲鐘は上野《うえの》か浅草《あさくさ》か」とありますように、時の鐘は、上野、浅草など全部で九か所です。お寺の鐘とは訳が違うんで鐘撞番《かねつきばん》がいます。その費用も町で負担していて、間口《まぐち》一間《けん》につき三文と決められています。もっともお大名は石高に応じて集めているようですな。

それにしても、こうやって座ってお茶をいただ

＊芭蕉
1644〜94。姓は松尾。伊賀《いが》上野《うえの》（三重県）の生まれ。江戸時代を代表する俳人。深川の芭蕉庵に住んで蕉風俳諧《しょうふうはいかい》を打ち立て、多くの門人を輩出した。後年は旅に明け暮れ、『野ざらし紀行』『奥の細道』を残した。

【読売り】幕末には瓦版売《かわらばんう》りともいわれ、ニュース速報やゴシップ記事を載せた摺り物を、読み聞かせながら売っていた。不法な出版物として取り締まりの対象となっていたので、顔を隠して商売していた。『熙代勝覧』より。

いておりますと、いろんな人が通るもんでしょう。お武家でも、馬に乗る方もあれば、乗り物に乗る方、徒歩のお方もある。町人だって駕籠《かご》に乗る人、担ぐ人、振り分け荷物に天秤棒《てんびんぼう》、荷車を牛に牽《ひ》かせてるのもいる。*勧進《かんじん》の坊主もいりゃ虚無僧《こむそう》もいます。

真面目《まじめ》に働いているのもいれば、昼間から酔っぱらって反吐《へど》はいてるやつ、その反吐を嗅《か》ぎまわる犬がうろうろしている。喧嘩《けんか》するやつ。ここに座ってると飽きるってことがない。

ほらほら、あそこに怪しげな二人組がいますでしょう。顔を隠すために深編笠をかぶっている。彼らは読売《よみう》りです。さっきの須原屋さんなんかの出版物は全部、奉行所のお許しをいただいてのことですが、彼らが売っている一枚摺りは板元もわからないし、勝手に売り歩いてるんです。だから顔を隠してるし、二人組なのは、ひとりが見張り役で、*岡《おか》っ引《ぴき》が見えたらさっさと逃げられるようにしてるんですよ。

＊勧進の坊主
勧進とは寺社や仏像などの建立・修理に際し、人々に功徳になると勧めて寄付を募ることだが、それを名目にして、出家姿で物乞いをして歩くものもいた。

【虚無僧】禅宗の一派である普《ふ》化宗《けしゅう》の僧で、深編笠をかぶり、尺八を吹いて布施を集めた。『熙代勝覧』より。

＊岡っ引→p57

【玉鮓《たまずし》】屋台から始まった鮨屋《すしや》で、大通りにはじめて店舗を構えたのが翁屋庄兵衛《おきなやしょうべえ》の玉鮓。大坂で文政7年（1824）に出版された江戸の名店ガイド、『江戸買物独案内《えどかいものひとりあんない》』でも紹介されているが、まだ仕出しが中心だった。『熈代勝覧』より。

中味は、うわさ話や火事で焼けてしまった町名、それからご政道を批判するような大胆なものまであります。

鮨屋と瀬戸物屋

さて、腰を上げてもう少し歩きましょうかね。

ここからは通石町《とおりこくちょう》になります。まず目立つのが玉鮓《たまずし》。鮨《すし》＊も江戸では屋台＊で食べるのが相場ですが、ここはちゃんと店を構えてます。鮨種で人気なのは、白魚やこはだ、鮑《あわび》や玉子焼きですかね。

お店のわきに幟《のぼり》が立ってますでしょう。玉鮓のは藍《あい》染めの色です。藍染めが食べ物屋のしるしでね。その先には笠を重ねたようなのがあって、それはそのまんま笠屋ですな。その隣の赤い幟は紅屋です。どうです、これなら少し遠くからでもわかるでしょう。商売人の知恵ですな。

もうすぐ本銀町《ほんしろがねちょう》で、そこを抜けるとすぐに今川橋《いまがわばし》です。さっき通り過ぎた室町《むろまち》二丁目のわきにも瀬戸物町《せとものちょう》という町がありまして、瀬戸物屋が何

＊鮨

「すし」には鮓・鮨・寿司の文字がある。鮓は米飯を発酵させて魚を漬けたもの。鮨は飯に酢を混ぜた鮨飯に魚をのせて熊笹で巻き、軽く重石《おもし》をして押したもの。今日、一般的な握り寿司は笹巻き鮨をヒントに、文政年間（1818〜30）にできたとされる。

＊屋台→p114

【瀬戸物問屋】丼鉢や片口《かたくち》などの食器類、煎《せん》茶《ちゃ》道具などが並び、植木鉢のような大きな鉢が積まれている店先。瀬戸物を荷解きする者や商談の客もあり、商売繁盛のようだ。『熈代勝覧』より。

軒かあったんで、そんな名前がついたんでしょうが、このあたりも瀬戸物問屋が多いんですよ。

今川橋が架かっているのは神田堀《かんだぼり》とも龍閑堀《りゅうかんぼり》ともいいますが、お城の外堀と大川《おおかわ》（隅田川《すみだがわ》）をつなぐための堀でしてね、船も通れます。

九谷《くたに》や有田《ありた》、瀬戸《せと》などから江戸湊《みなと》へ着いた重い瀬戸物を、その堀を使って*高瀬舟《たかせぶね》が運んでくるんですよ。江戸で瀬戸物を欲しがる人は多いですからね。大皿や薄手の器は料理屋の格にかかわります。料理は目で楽しむともいって、深川《ふかがわ》の平清《ひらせい》や浅草山谷《あさくささんや》の八百善《やおぜん》、日本橋浮世小路《にほんばしうきよこうじ》の百川《ももかわ》などの高級な店の値段が高いのは、料理だけじゃなしに、座敷のしつらえや器のせいだというのがもっぱらですよ。

ここいらでそろそろお別れですかな。私ですか？ ふつう隠居といやぁ、*向島《むこうじま》か根岸《ねぎし》のほうでも行って、隠居所でのんびり菊いじりでもしてるものといわれますがねえ。私は嫌ですね、せっかくお江戸の町中にいるのに、わざわざ閑寂の地な

＊高瀬舟
江戸時代の代表的な川船で、喫水の浅い細長い形をしている。京・伏見間の高瀬川就航の15石積の小型船から、利根川水系200石積くらいの大型船まで、河川によって大きさはさまざまだった。

＊向島・根岸
向島は「隅田川にて」（p76）の項参照。根岸（台東区）は上野台地の東側の田園地帯で、鶯《うぐいす》の名所としても知られ、文人・風流人の住まいや、大商人の寮などが多かった。

【今川橋《いまがわばし》】神田堀に架かる小さな橋で、このあたりの名主だった今川氏の名に由来する。橋の北詰に茶屋があるのは、茶をたてる水によいといわれる井戸があったから。『熙代勝覧』より。

んぞで気の抜けたような暮らしをするのは。そんなのは花見や月見のときだけでたくさんですよ。

ところで、あなたはいつまで江戸に？　急がない、そうですか。

それなら、江戸にはまだまだ見ておいて損のないところがたくさんあります。お城の＊下馬所《げばしょ》、浅草寺《せんそうじ》、芝居町もぜひご覧なさい。

なんなら私が案内してもいいんですが。

いやいや、暇な隠居に遠慮なんぞいりません。

えっ、よけいなお世話だ？　なんですか、せっかく人が親切でいっているのに。これでも吉原《よしわら》だって多少は顔が利くんですよ、もったいない。

なーに、冗談ですよ。お若いんだから、ご自分でいろいろ試されるといい。それでは、気をつけてお行きなさい。

＊下馬所

大名が江戸城に登城する際、馬や乗り物から降りるところで、大手門・内桜田門《うちさくらだもん》（現在の桔梗門《ききょうもん》）・坂下門《さかしたもん》など数か所。橋の手前に「下馬」と書かれた札が立っていた。城内に入れない従者は、ここで主人を待つ。乗り物に乗る資格のある大名は、城内の下乗所《げじょうしょ》までそのまま入れた。

【度量衡】

◆いろいろな基準がある尺

計量の単位である「度量衡《どりょうこう》」という言葉は、度が長さ、量は体積、衡は質量を意味する。それらを測る道具は、度は物差《ものさし》、量は枡《ます》、衡は秤《はかり》である。

江戸幕府は、枡と秤（分銅《ふんどう》を含む）は座を設立して統制を図ったが、物差に関してはとくに統制しなかった。

このため物差は、おもに建築に用いられる曲尺《かねじゃく》と、裁縫に用いられる鯨《くじら》尺《じゃく》が併存し、このほかにも足袋《たび》のサイズの文尺《もんじゃく》（1尺＝曲尺八寸）や菊の花の大きさを測る菊尺《きくじゃく》（1尺＝曲尺六寸四分）など、さまざまな基準があった。

枡の座は、町年寄《まちどしより》の樽屋《たるや》が江戸枡座として東三三か国を支配し、西三三か国を福井《ふくい》家の京枡座が支配した。

秤は東を守随《しゅずい》家が支配し、西は京都の神《じん》家の支配とした。

秤の規制は大変厳しく、五～一〇年に一度程度の秤改《はかりあらため》が行なわれた。

明治時代に入って、欧米各国との経済的交流を円滑にするため、明治8年（1875）に度量衡取締条例が施行され、枡座・秤座は廃止された。

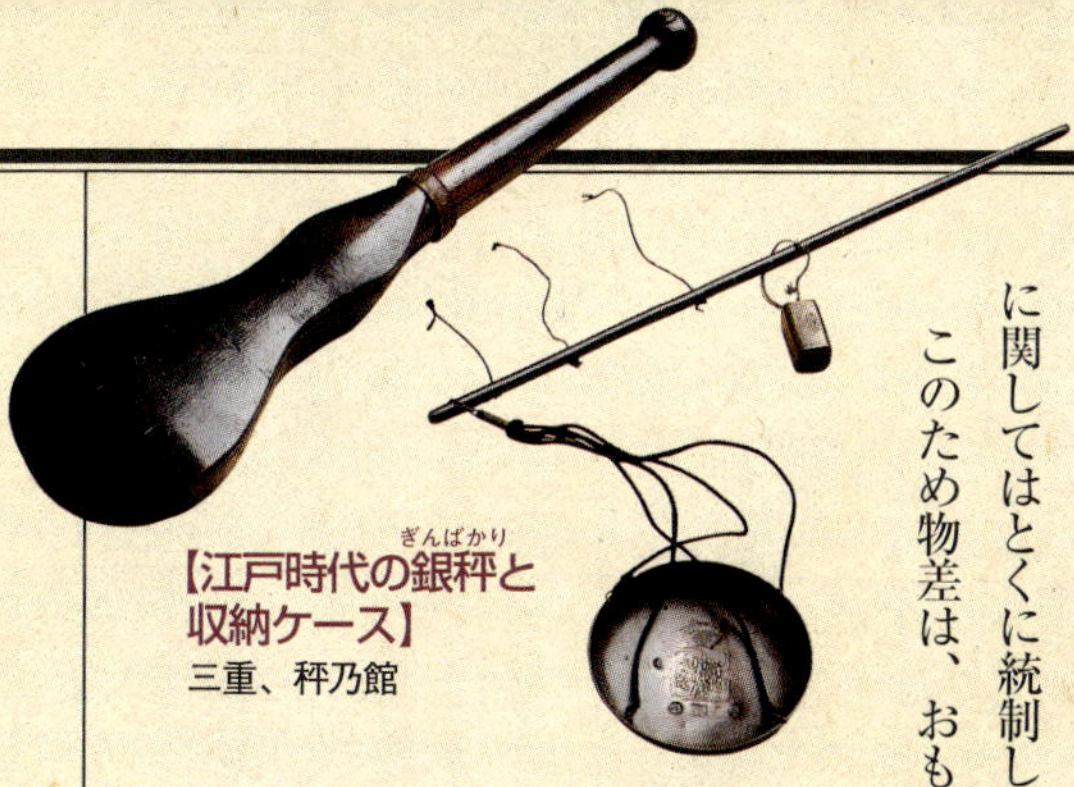

【江戸時代の銀秤《ぎんばかり》と収納ケース】
三重、秤乃館

【江戸時代の一升枡】
三重、秤乃館

【度量衡の換算】
明治8年（1875）の度量衡条例による

長さ	1丈《じょう》＝10尺《しゃく》＝3.03m 1尺＝10寸《すん》＝3.03cm 1寸＝10分《ぶ》＝3.03cm 1分＝3.03mm
距離	1里《り》＝36町《ちょう》＝3.93km 1町＝60間《けん》＝109m 1間＝6尺＝1.82m 1尺＝30.3cm
面積	1町＝10反《たん》＝3000坪《つぼ》＝99a 1反（段）＝10畝《せ》＝9.9a 1畝＝30坪＝99m²（0.9a） 1坪（歩）＝6尺平方＝3.3m² 1尺平方＝0.09m²
重さ	1貫《かん》＝1000匁《もんめ》＝3.75kg 1斤《きん》＝160匁＝600g 1匁＝3.75g
容積	1石《こく》＝10斗《と》＝100升《しょう》＝180ℓ 1斗＝10升＝18ℓ 1升＝10合《ごう》＝1.8ℓ 1合＝10勺《しゃく》＝0.18ℓ 1勺＝0.018ℓ

【酉《とり》の市】江戸では酉の市のことを「酉の町」と呼んだ。縁起物の大きな熊手《くまで》が目を引く。歌川国貞《うたがわくにさだ》『十二月ノ内　霜月《しもつき》酉《とり》のまち』東京、静嘉堂文庫

暦と時刻

◆独自の暦ができたのは江戸時代

江戸時代の人々の生活時間を律した暦は、太陰太陽暦である。太陰太陽暦とは、月の満ち欠けを基本に「月」を定め、太陽の運行とのずれを補正するために「閏月《うるうづき》」を用いて「年」を定める暦のことである。

日本の暦は、中国から伝わった暦法を長い間用いてきた。江戸時代になっても、9世紀に伝わった宣明暦《せんみょうれき》がそのまま使われていた。

その暦法が日本独自のものになったのは、貞享《じょうきょう》2年（1685）、渋川春海《しぶかわはるみ》によってつくられた貞享暦によってである。彼は元《げん》の授時暦《じゅじれき》の研究を進め、経度差を勘案するなどした。

その後、天体観測の進歩などによって補正が行なわれ、宝暦暦《ほうれきれき》、寛政暦《かんせいれき》、天保暦《てんぽうれき》がつくられた。

いずれも基本にあるのは、日付と干《かん》支《し》と節気《せっき》である。干支は五行説に基づく十干と十二支の組み合わせで、その最小公倍数六〇でひとまわりする。現在では、六一年目に同じ干支がめぐってくる還暦《かんれき》くらいでしか用いられないが、「初午《はつうま》」「酉《とり》の市」など、本来は日付にも用いられていた。

節気は一年間を二四に区切ったもので、冬至に始まり、大雪《たいせつ》に終わる。現在でも立春、春分、夏至などなじみの多いものがある。

◆明暗の感覚で知る時刻

一方、時刻は不定時法といい、現在

【目白不動尊《めじろふどうそん》の時の鐘《かね》】画面の右下に見えるのが鐘楼。『絵《え》本名《ほんめい》所江戸桜《しょえどざくら》　目白台不動堂《めじろだいふどうどう》』国立国会図書館

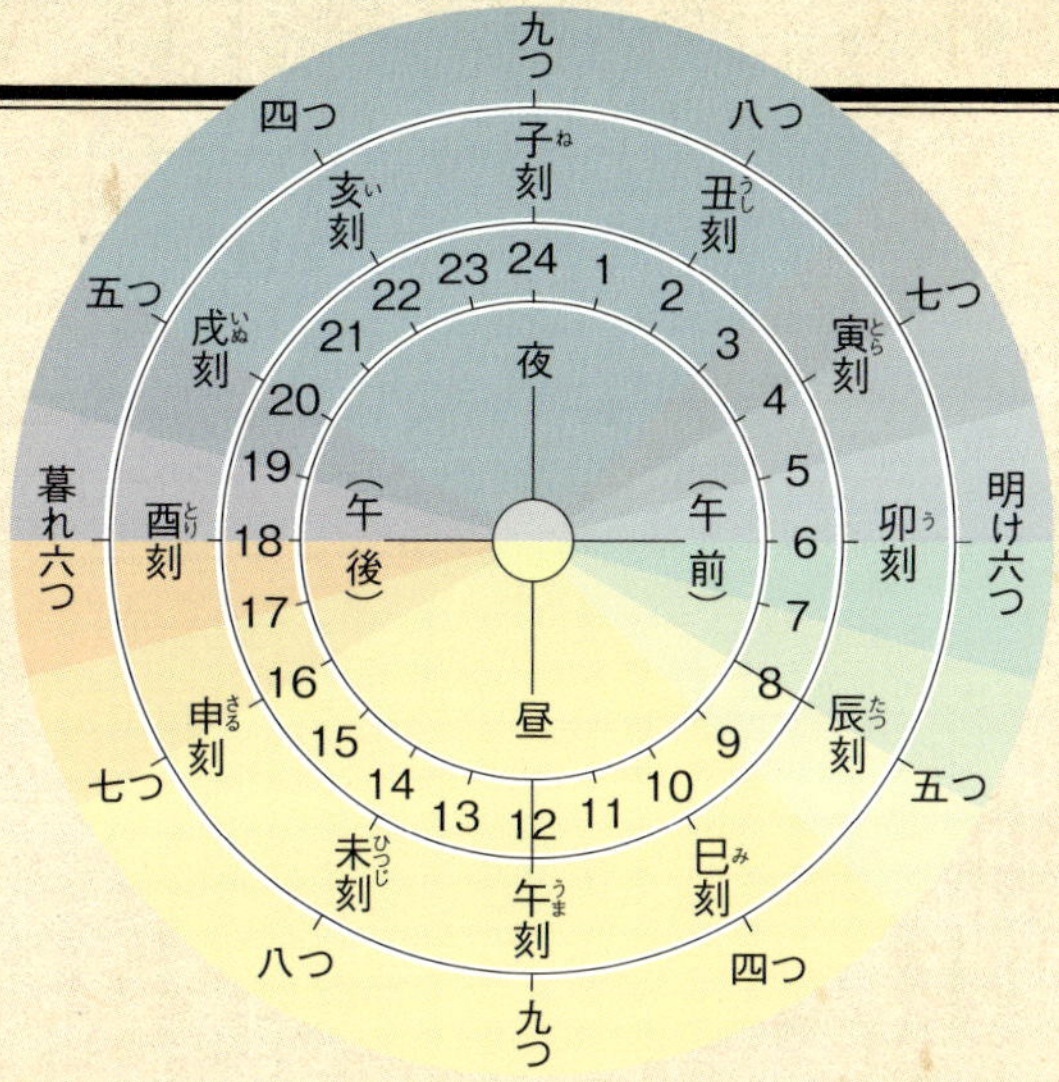

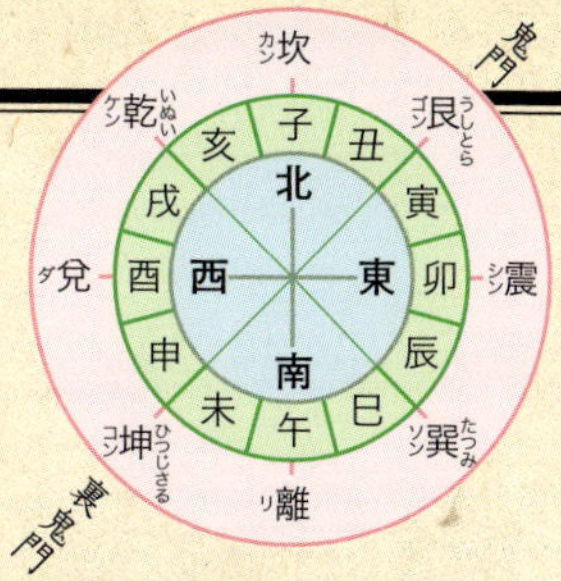

方位には東西南北のほか、易の八卦に十二支の呼び方をあてた艮・巽・坤・乾がある。艮の方角が鬼門、その反対の坤が裏鬼門。

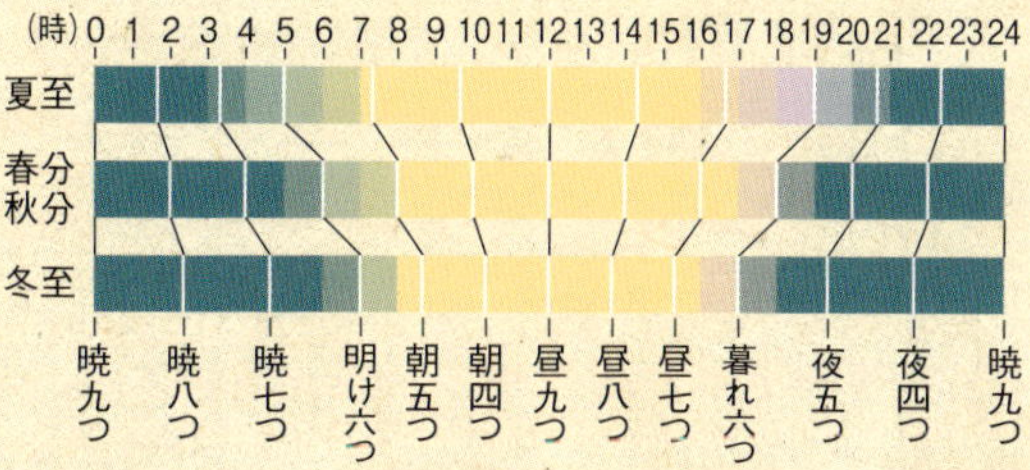

不定時法では、昼・夜それぞれを6等分したひと区切りを、一刻・一時などと称した。現在は1時間が60分と定められているが、江戸時代は夏の日中の一刻は長く、冬は短く、季節ごとに変化した。なお、上の表は形式上、24時間に対応させたものである。

【慶応3年(1867)の大小暦】
中央の「大」の字は、90度左にまわすと「小」と読める。右上に大の月、右下に小の月が記されている。三重、神宮徴古館農業館

のように一日を二四時間で均等に割るのではなく、日の出と日の入りを基準に、昼と夜のそれぞれを六つに割って一刻《とき》と定める方式であった。

したがって、一刻は季節によって長短が生まれる。現在の定時法とほぼ一致するのは、春分と秋分のときだけである。

しかし、実感的にいえば、明け六つはつねに日の出であり、暮れ六つはつねに日の入りにあたるわけで、現在のような時計のない時代には、きわめてわかりやすい時刻制だったともいえる。

秋分過ぎを「短日《たんじつ》」と呼ぶのは、現在でも俳句の季語として使われているが、春分以降の「長日《ちょうじつ》」という言葉はほとんど使われなくなった。

江戸で普請が多くなるのは、長日の期間で、同じ手間賃で、大工が働く時間が実質的に長くなるからだとされている。

谷中霊園
JR
鶯谷駅
寛永寺
東京国立博物館
国立西洋美術館
上野動物園
上野公園
上野駅
根津駅
東京大学
小石川植物園
春日通り
本郷通り
不忍通り
不忍池
湯島駅
湯島天神
上野広小路駅
松坂屋
御徒町駅
後楽園駅
春日駅
東京ドーム
小石川後楽園
水戸家上屋敷
白山通り
湯島聖堂
外堀通り
末広町駅
神田明神
飯田橋駅
JR
水道橋駅
秋葉原駅
御茶ノ水駅
神田山
(駿河台)
新御茶ノ水駅
靖国通り
日本武道館
神保町駅
九段下駅
小川町駅
淡路町駅
北の丸公園
千鳥ヶ淵
国立近代美術館
神田駅
江戸城
皇居
JR

其之弐

山の手にて

18世紀初めの江戸は、人口一〇〇万を超す巨大都市。
そのうち半分が町人で、半分が武士だったといわれる。
御府内には町人地の数倍に及ぶ広大な武家地があり、
江戸城の周囲と西から南へかけて、大名屋敷が連なっていた。
長い江戸勤めで、すっかり江戸通になった留守居役が、
山の手にある大名屋敷から上野《うえの》寛永寺《かんえいじ》への道すがら語る、
江戸の町づくりの話とは——

【大名の上屋敷】大名が江戸で住まいとする上屋敷の多くは、江戸城の近くに建てられた。これは松平長門守《まつだいらながとのかみ》、すなわち長州藩毛《もう》利《り》家の上屋敷で外桜田門《そとさくらだもん》の外、現在の千代田区日比谷《ひびや》公園あたりにあった。『江《え》戸《ど》図《ず》屏風《びょうぶ》』（部分）千葉、国立歴史民俗博物館

山の手*の大名屋敷*で

いやあ、よく来た、よく来た。まずは道中無事で祝着《しゅうちゃく》、祝着。殿も御殿に入られて、儂《わし》も先ほどご挨拶をすませたところであった。そなたも、お役目ご苦労であったな。

父御《ててご》も母御も息災であろうの。そうか、それは何よりのことだ。儂は江戸勤めが長くなって、兄上であるそなたの父御にもなかなか会えん。幸い息子の格之進《かくのしん》もお取り立てが叶《かな》いそうでの。儂もどうやら隠居できそうだ。

つぎに殿が国許《くにもと》に戻られる際には、ご一緒に戻ろうと思っておる。長のお勤めもあと一年になったわけだ。

国許に戻ったら、そなたの父御と久しぶりで碁も打ちたいし、道具自慢もしあいたいものよ。
ん？　責めるな、責めるな。道具の趣味は、兄弟で昔からともにしておったものじゃ。そなたの祖父《じい》様から引き継いだものじゃからのう。しかも、

＊山の手
江戸時代の山の手は、東南の低地の下町に対し、西北の高台の土地を指した。曲亭馬琴《きょくていばきん》は著書の中で、青山（港区）・四谷（新宿区）・市谷（新宿区）・小石川（文京区）・本郷（文京区）をあげている。大名の江戸屋敷が多く、風俗や言葉も下町の粋とは異なっていた。

＊大名屋敷
寛永12年（1635）に参勤交代の制度が定められると、大名の正室や嫡子は江戸に住むことになり、すべての大名の屋敷が江戸につくられた。大名屋敷は藩邸とも呼ばれ、上屋敷・中屋敷・下屋敷などいくつかを構えていた。上屋敷は藩主が住み、藩の江戸政庁的な存在。中屋敷は上屋敷が火事などにあったとき

【大名の下屋敷】より広い敷地を求めて、江戸城からは距離のある場所に建てられた。これは尾張藩徳川家の戸山《とやま》下屋敷から富士山を望んだ図。戸山下屋敷は現在の都立戸山公園一帯（新宿区）にあたり、江戸でも最大級の敷地を誇っていた。伝狩野養川院《かのうようせんいん》『戸山別荘眺望図《とやまべっそうちょうぼうず》』江戸東京博物館

この趣味はお役を果たすのにも、役立っておるのじゃ。

江戸には、各藩のご同役がたくさんおる。そのなかには、同じ趣味をもつお方が少なくない。趣味を通じていろいろな話ができる。その結果、公儀の方針をいち早く知ったり、ほかのお殿様たちの動きも知ることが可能になったのじゃ。

たとえば、この屋敷は、いたって手狭だった以前の屋敷と比べると、よほどゆるりとしておる。長いことはかかったが、公儀に願い出て、以前の*拝領屋敷をいったん返上するかたちで、この屋敷をいただいたのだ。

こうした、公儀との交渉の仕方にしても、儂が*留守居役《るすいやく》として、さまざまなお人、心安くおつき合いいただけるお旗本《はたもと》とか、お取り次ぎのご老中《ろうじゅう》とかと昵懇《じっこん》の仲になっておればこそ、できたこと。

幸い、つぎの留守居役を務めてくれるのは、優秀なお方なので、儂ものんびりできそうだ。

そんなわけで、そなたの江戸在府の間、いろい

に利用し、隠居した藩主なども住んだ。下屋敷は国許からの物資を収蔵する蔵屋敷、あるいは別荘的なもので、広大な邸内には趣向を凝らした庭園がつくられた。東京の名園の多くは、かつての大名の下屋敷の跡にあたる。

＊拝領屋敷
幕府から江戸屋敷として大名に与えられたもの。それに対し、藩が土地を買い取ったものを、「抱屋敷《かかえやしき》」といった。

【大名屋敷の長屋】右側は、2階建ての表長屋が外壁のようにつづく秋月《あきづき》藩黒田家5万石の上屋敷で、現在の港区三田にあった。向かい側は久留米《くるめ》藩赤羽上屋敷の裏手にあたる。F・ベアト撮影『幕末写真帖』より「秋月藩上屋敷」横浜開港資料館

ろと案内してやる時間がたっぷりとある。どこぞ、行きたいところがあれば申すがよいぞ。そなたは江戸に参ったのは、はじめてであろう。いろいろと教えておかなければならぬこともある。

勤番*武士の暮らし

わが藩の藩士が、江戸にどのくらい住んでいるかは存じておるか。藩士の数だけならそれほどでもないと思いおろう。ところが、その家来や家族、さらに*足軽《あしがる》・中間《ちゅうげん》を加えると、これがばかにできない人数になる。

以前の屋敷では、とてものことに全員が住むことはままならず、かわいそうに藩邸のお長屋にも住めず、町宿《ちょうしゅく》といって、町地に借家住まいをしている者さえおったのじゃ。

この屋敷ができて、まだ一年ほどだが、それはそれはみなが喜んでくれてな。儂《わし》も大仕事が片付いて、ほっとしたものじゃ。

ところで、この屋敷で暮らすについては、守っ

＊留守居役
諸藩の江戸屋敷では、幕府や他藩との連絡・交渉や情報収集をもっぱらにする外交官的なものが存在し、のちに留守居役として定着した。大藩では中級家臣以上、中小藩では江戸家老クラスの上級家臣が、これを務めた。

＊勤番
藩士が江戸屋敷で勤務することを「江戸勤番」といい、立帰り・江戸詰《えどづめ》・定府《じょうふ》の3つがある。立帰りは藩主とともに江戸へ来て、到着後すぐに帰国するもの。江戸詰は、藩主とともに江戸に残って勤務し、藩主とともに帰国するもの。定府は、江戸屋敷に数年にわたり在住して勤務するもので、留守居役はこれにあたる。

【大名屋敷の門】大名屋敷の表門は、石高・官位によって規模や形式に制限があった。右は国持《くにもち》大名の門で、破風《はふ》のある屋根の番所。左は5万石以上の門で、両側の番所は庇《ひさし》屋根。『徳川盛世録《とくがわせいせいろく》』国立国会図書館

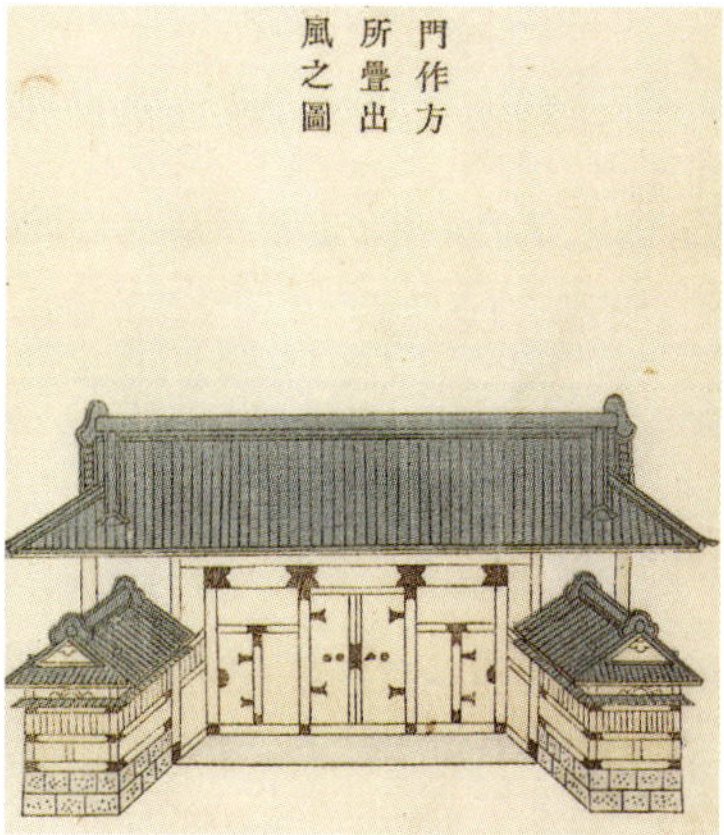

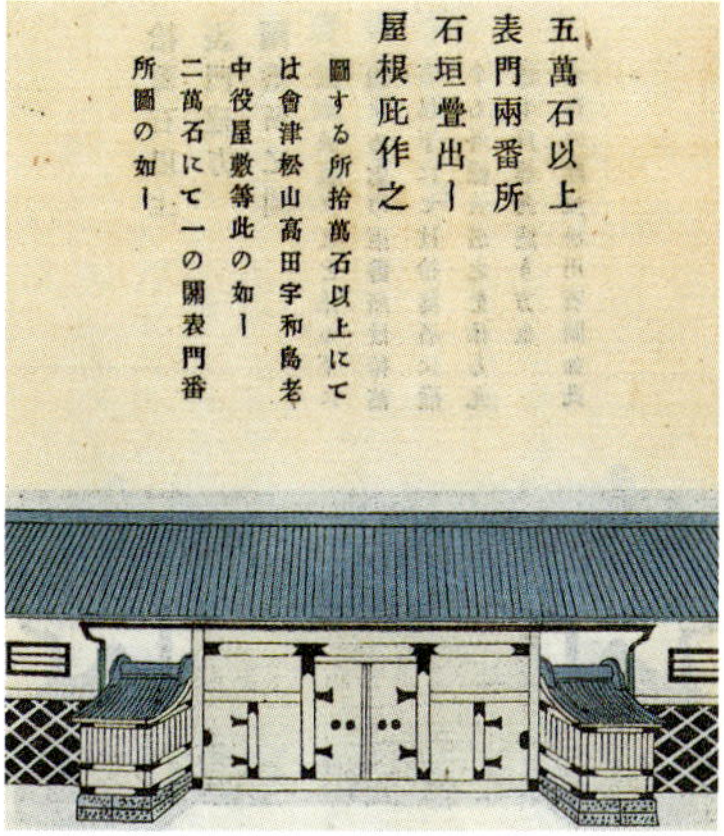

てもらわなければならないことが、いろいろある。

この屋敷は、国許《くにもと》でいえばお城同様であるからして、出入りの管理は厳重にしなければならない。誰でも自由に出入りできるわけではない。

そなたの鑑札（通行証）は組頭《くみがしら》が発給することになる。門の出入りができるのは、基本的には明け六つから暮れ六つまで。門を出るときには、この鑑札を門番に預け、帰った際に受け取ってそれぞれの組頭に納めることになる。これが、この屋敷の決め事じゃ。

夜分の外出は、特別の許可が必要になる。しかし、儂は留守居《るすい》という役目柄、急なご用事もあり、夜分までつづく*寄合《よりあい》もあるので、この限りではない。そなたも儂と一緒に行動するときは同様だ。そのあたりは、そなたの組頭に儂のほうから話を通しておこう。

客を迎えるときも、事前の届けが必要になる。事前の届けがなく、火急な用事で屋敷に参った者は、いったん門前に留め置かれ、門番から知らせ

＊足軽・中間
足軽は、もとは雑兵・歩卒のことだが、江戸時代の諸藩では、弓・鎗・鉄砲などの武器ごとに編成された最下層の武士を指す。中間は仲間とも書く。多くの場合は武家奉公人で、主人の武具などを持って供をした。

＊寄合
各藩の留守居役は、親しいものが集まって組合・仲間と呼ばれるグループをつくり、寄合と称する連絡会を開いていた。こうした会合の場は、やがて料亭や遊里へ移り、名目だけになるのは現代でもありがちなこと。

【勤番武士《きんばんぶし》の暮らし】三田《みた》（港区）にあった久留米《くるめ》藩上屋敷の長屋での、勤番武士たちの暮らしぶりを描いた絵巻から、藩の目付だった戸田熊次郎《とだくまじろう》の部屋の図。きれいに手入れされた風雅な庭もある。三谷勝波《みたにしょうは》画、戸田熊次郎賛『久留米藩士江戸勤番長屋絵巻《くるめはんしえどきんばんながやえまき》』江戸東京博物館

がある。その知らせを上司に告げて許可証をいただき、そのうえで迎えることになっておる。

屋敷には家族持ちもおるが、勤番は独り身でお勤めの者がほとんどじゃ。せっかく江戸に来ておるのに、屋敷の内に閉じこもってばかりでは気がふさぐ。そこで月のうち、何日かは私用での外出を認めることになっておる。

なかには、町の湯屋*に入りにいく者も少なくない。儂がお屋敷内にいただいている住まいには風呂があるが、長屋の風呂は共同で使うことになっておるし、何かと気づまりもあろう。

それに湯屋には、別の楽しみもある。風呂のあと二階の座敷に行くと、きれいな茶汲女《ちゃくみおんな》が仕えてくれるし、将棋盤や碁盤があって、のんびりすることもできる。

大名屋敷のしきたり

もう少し、屋敷内の決まり事を教えておこう。

これほど厳重に出入りを管理しておっては、日

＊町の湯屋→p137

【朋輩《ほうばい》とのつき合い】右ページと同じ絵巻から、高原乙次郎《たかはらおとじろう》の部屋で酒を酌み交わしながら座談する様子。壁に描かれている大きな船の帆は、江戸在府が長引いたために、幾重もの波を越えて1日も早く故郷へ帰りたい思いの表われ。三谷勝波画、戸田熊次郎賛『久留米藩士江戸勤番長屋絵巻《くるめはんしえどきんばんながやえまき》』江戸東京博物館

ごろの暮らしにも不便があろう。

そこで、決まった商人には手札を出して、屋敷内の商いを許しておる。野菜や魚など賄《まかな》いに必要なものから、呉服、小間物*などを商う者や、ちょっとした造作をする大工や職人なども、御用の者しか入れない仕組みになっておる。

賄いについては、それぞれの長屋に竈《かまど》がある。そこに下女を雇っておって、食事の支度をさせる者もある。

以前、国許《くにもと》でも殿や藩庁がお怒りになって禁止されたのだが、こうした下女は、仕事に慣れてくると、ついつい女房面したがるものが出てきてのう。風紀の面からみても、好ましいことではない。江戸には、さまざまな国からさまざまな素性の人間が入ってきておることだし、くれぐれも気をつけることが肝要だ。

そなたもつぎに国許に帰参すれば、めでたき婚礼も待っていると聞いた。許嫁《いいなずけ》を泣かさぬように身を慎むのが一番だぞ。

*小間物
紅・白粉《おしろい》などの化粧品のほか、櫛《くし》・笄《こうがい》・簪《かんざし》などの髪飾り、楊枝《ようじ》や歯磨きなど、こまごました日用品のこと。江戸時代には行商も多かった。

【宴会の様子】同じく40ページの絵巻から。時には長屋の朋輩が集まって、酒宴になることもあった。火鉢のやかんで燗をつけている酒に比べて、肴《さかな》は少ない。この日集まった一同は、「羅漢回し《らかんまわし》」という滑稽なしぐさをまねる宴会芸に興じている。三谷勝波画、戸田熊次郎賛『久留米《くるめ》藩士《はんし》江戸《えど》勤番《きんばん》長屋《ながや》絵巻《えまき》』江戸東京博物館

もうひとつ気をつけねばならぬのが、朋輩《ほうばい》とのつき合いだ。

それぞれの立場で窮屈な暮らしをしているのだから、それなりの気散じも必要ではあろう。何かの祝い事があると、朋輩同士を招いて酒食の宴となるのも、やむをえないことじゃ。しかし、それを無制限に許しておくと、どうしても華美に傾くし、費《つい》えも馬鹿にならん。酔ったうえでの過ちも、なきにしもあらず。

ということで、これにも決まりがある。献立は*一汁三菜まで、酒は三杯まで。三杯だからといって、大杯を使ってごまかすのはなしじゃ。肴《さかな》と菓子は一種類に限る。

祝儀・不祝儀のやりとりにも、制限を設けておっての。無用な進物など、もってのほかとされておる。

そなたは、いずれ国許に帰参する身であるのだから、江戸は戦場と心得て、暮らしを律しておくのが何よりのことだろう。

＊一汁三菜
汁物が一品、菜（おかず）が三品からなる料理。和食の伝統的な膳では、手前の右に汁、左に飯、向こうの右に膾《なます》（刺身など）、左に平皿、真ん中に香の物を置いた。ぜいたくな料理になると、三汁九菜など食べきれないほどに品数が増えた。

【江戸城下図】原本は寛永期（1624～44）のものとされ、木版としてはもっとも古い江戸図の写本。江戸城の天守がそびえ、城下町としての形がほぼ完成しているのがわかる。『武州豊《ぶしゅうと》嶋郡江戸庄図《しまごおりえどのしょうず》』東京都立中央図書館東京誌料文庫

江戸の町づくり

江戸の町のことを、少し話しておこうかの。

儂《わし》は江戸住まいが長くなったし、お役目柄もあって、江戸は隅々まで知っておるつもりじゃが、いつも徳川将軍家、とくに家康《いえやす》公のご府内のつくり方には感心させられる。

もともと、江戸は浅草や品川あたりが港町として栄えていたようだが、それでも大大名の城下としては、いささかもの足りない土地だった。それを天下の総城下町につくりあげた手腕は、たいしたものじゃ。

戦国の世を生き抜いてきた大名にとって、城はいちばんの拠所《よりどころ》だが、今の本丸のところは別にして、西の丸大手のあたりは、浅瀬とはいえ海だったそうじゃ。

その海を、＊神田《かんだ》山《やま》という山を崩して土を運び埋め立てて、まずは股肱《ここう》の臣下を住まわせる屋敷地とした。さらに、その外側まで埋めてつくった土

＊神田山

神田台ともいい、千代田区北部にある駿河台《するがだい》の古称。駿河台の名は、家康の死後、駿河（静岡県）から引き揚げてきた武士たちが、ここに土地を与えられて住んだことからといわれる。「一心太助」の話で知られる大久保《おおくぼ》彦左衛門《ひこざえもん》も、駿河台に住んでいた。

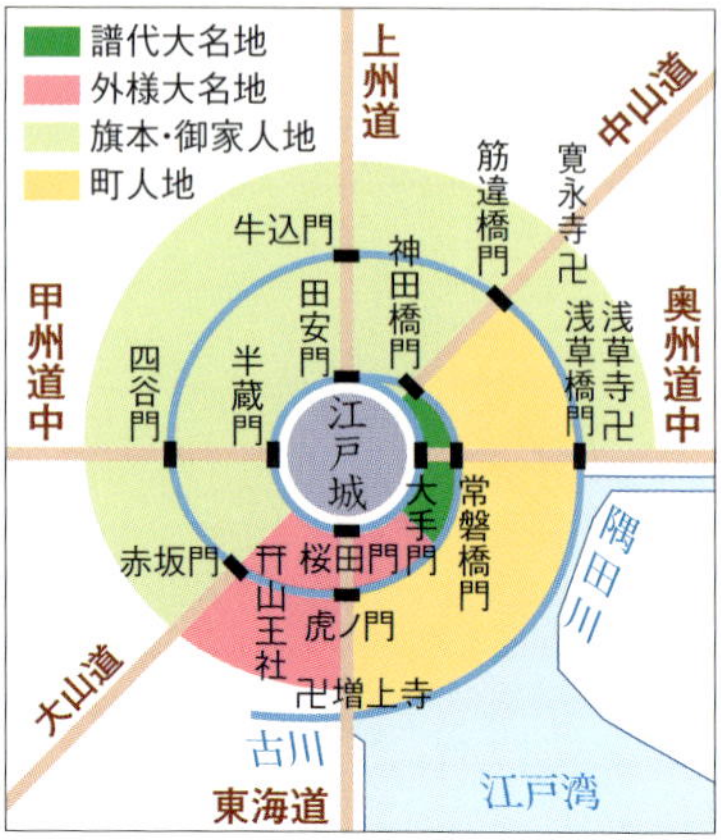

【江戸の都市構成】江戸城を中心にして、堀がひらがなの「の」の字のように、右回りの螺旋《らせん》状にのびていた。

地を町地としたのじゃ。

それはそれは大規模な工事での。こうした土やお城の石垣に使う大石を運ぶのに便利なように、水路を生かしたつくりになっている。

この屋敷は、お城から見ると真西にあたることになるが、外堀を越えたところにある。あの外堀にしたところで、内堀とつながっておる。ちょうどひらがなの「の」の字に似た形での。外堀を下ると関口《せきぐち》からくる平川《ひらかわ》（*神田川）と合流して、やがては大川《おおかわ》（隅田川《すみだがわ》）に出て、江戸前の海に出られるようになっているわけだ。

大川を突っ切れば*小名木川《おなぎがわ》という川があるが、これも家康公が掘らせたもので、下総《しもうさ》の行徳《ぎょうとく》までつながっておる。行徳には塩田があって、瀬戸内の塩に頼らなくともよいようにお考えになられたというのじゃ。

今では、銚子《ちょうし》や野田《のだ》、佐原《さわら》など利根川《とねがわ》沿いの在から、醤油《しょうゆ》や酢などが入ってくる重要な水路になっておる。

＊神田川
神田上水（→p25）の下流部で、元和2年（1616）に外堀の役割を兼ねて開削し、万治3年（1660）に完成した。もとの名を平川といい、神田川の名の由来は、神田山を切り開いてつくったからとも、神田を流れているからともいわれる。開削には仙台藩があたったので、仙台堀とも呼ばれた。

一般には、飯田橋付近から両国橋近くの隅田川合流点までをいうが、昭和40年（1965）に旧神田上水を含めて「神田川」に統一された。

＊小名木川→p126

【坂下門《さかしたもん》】台地上の西の丸から平地の西の丸下へ出る坂の下にあったので、この名がある。江戸城の現存する11の門のひとつで、現在は宮内庁への通用門。幕末の文久2年（1862）に、14代将軍家茂《いえもち》の正室に皇女和宮《かずのみや》を迎えた老中安藤信正《あんどうのぶまさ》が、尊皇攘夷派の浪士に襲撃された「坂下門外の変」でも知られる。『江戸城年始登城風景図屏風《えどじょうねんしとじょうふうけいずびょうぶ》』（部分）江戸東京博物館

さま変わりした江戸の町

多くの大名の上屋敷は、*外桜田御門《そとさくらだごもん》のすぐ外にあるのは存じておろう。こういう御門がいくつあるかは、存じておるかの？

儂《わし》とご同役の盛岡《もりおか》藩の方から教わったのだが、道中歌のように御門の名前を覚える歌があるのだそうじゃ。

「西の丸大手のつぎは坂下《さかした》よ。桔梗《ききょう》につづく大手、平川《ひらかわ》（河）。外桜田《そとさくらだ》につづけるは、日比谷《ひびや》、馬場《ばば》（馬場先《ばばさき》）、和田倉《わだくら》の外、*辰《たつ》ノ口《くち》なり」と覚えるようだ。この屋敷の近くでは、「浅草《あさくさ》に筋違《すじかい》、小石《こいし》（小石川《こいしかわ》）、牛込《うしごめ》よ。市ケ谷《いちがや》、四谷《よつや》、つぎは赤坂《あかさか》」という具合じゃな。

俗には三六*見《み》附《つけ》といっておるが、じつは時代によってずいぶん数が違うのじゃ。

もっとも、家康《いえやす》公のつくられた当時とでは、江戸もずいぶんさま変わりしておる。

何より江戸が変わるきっかけになったのが、明《めい》

＊外桜田御門
千代田区皇居外苑。江戸城には当初、内桜田門と外桜田門があった。内桜田門はのちに「桔梗門《ききょうもん》」と改名され、外桜田門を単に「桜田門」と呼ぶようになった。第一の門と第二の門からなる枡形《ますがた》造りがほぼ完全に残り、重要文化財に指定されている。幕末には、大老井伊直弼《いいなおすけ》が水戸・薩摩浪士によって暗殺される「桜田門外の変」（1860）が起きた。門に面していることから、現在の警視庁を「桜田門」と呼ぶこともある。

＊辰ノ口
千代田区丸の内1丁目。大名の江戸屋敷が連なる大名小路の一郭で、朝廷から下向《げこう》した勅使や院使の宿泊所である伝奏《てんそう》屋敷、幕府の訴訟裁判機関である評定所があった。

暦《れき》3年（1657）の大火事だった。二日間で三度も出火しての、大名や旗本《はたもと》の屋敷はもとより、町人の家々もほとんどが焼け失せてしまった。あろうことか、千代田《ちよだ》のお城にまで火が及んで、本丸、二の丸はおろか天守まで焼け落ちてしまった。

それ以来、お城の天守*は再建されておらぬ。江戸っ子は、「金の鯱《しゃち》をにらんで、水道で産湯を使った」ことを自慢したそうだが、それも片方だけになってしまったわけじゃ。

江戸の名物はいろいろあるが、俗に「火事と喧《けん》嘩《か》は江戸の華」などととなえる輩《やから》もいるそうだ。しかしなあ、火事は困る。屋敷が焼けたりすると、国許《くにもと》から多大な金子《きんす》を工面しなければならなくなる。領国の百姓たちにも負担が重くなる。その意味でも、江戸での暮らしには、火の元の注意が肝要じゃ。

さてさて、長い話になったが、儂は明日、あるお方のところまで、ご挨拶に出向かねばならぬ。そなたも同道せい。案内してやるでの。

＊見附
「見つける・見張る」ということろから出た言葉といわれる。江戸城の「三六見附」は語呂合わせ的な言い方で、実際の数ではない。江戸城の主要な門は内郭・外郭あわせて、幕末に57あったが、史料や伝承で見附のつくものは、浅草・筋違橋《すじかいばし》（神田）・芝口《しばぐち》（江戸中期に撤去）・赤坂・四谷・牛込《うしごめ》の6つ。

＊天守
3代将軍家光が完成させた江戸城の天守は、5層で金の鯱《しゃち》鉾《ほこ》をいただき、高さは基壇を含めると約61m。これは、豊臣秀吉の大坂城より1層ぶんほど高い。明暦の大火で焼失後、財政難を理由に再建されなかった。現在は、皇居東御苑の本丸跡の北隅に高さ約11mの天守台が残っていて、登ることができる。

■左ページ図版
【江戸城】明暦の大火（1657）で天守が焼失する以前の江戸城とその周辺。本丸・西の丸・大名屋敷などが詳細に描かれている。『江戸図屛風』は3代将軍家光《いえみつ》の寛永（1624～44）ごろの江戸城と城下を描いた6曲1双の屛風。登場する人物は5000人弱にのぼり、風俗や建築などの研究のうえでも資料価値が高い。『江戸図屛風』（部分）千葉、国立歴史民俗博物館

はじめての外出

支度はいいかな。本日お訪ねするのは、公儀の屋敷改《やしきあらため》をしておられた方でな、この屋敷を拝領するときに大変お世話になったのじゃ。じつは、この方も道具好きでなあ、それでいちだんと親しくさせていただくことができたわけだ。

昨年、お役を退いて隠居なされてからは、時にお訪ねしてはお話を伺うことが多くなったのだが、きょうは、先日おねだりされた*根付《ねつけ》をお届けするだけだ。話はすぐにすむ。

どうだ、そのあとは、上野《うえの》の寛永寺《かんえいじ》にお参りしようと思うのだが。広小路《ひろこうじ》のにぎわいも見られようし、ちとうまいものでも奢《おご》ってやろうではないか。そなたの出府祝いじゃ。

これからお訪ねするお方は、*水戸《みと》家の上屋敷の近くにお住まいだから、この外堀沿いの道を行けばよいのじゃ。

ほれ、あの橋の下を流れて外堀に注いでいるの

＊根付

着物には洋服のようなポケットがないので、印籠《いんろう》（薬入れ）や煙草入れ・巾着袋などは帯に挟んで腰に下げたが、そのときに滑り落ちないように、それらの紐の端につけた装飾品。高級なものでは珊瑚《さんご》や瑪瑙《めのう》・象牙《ぞうげ》・水晶などを使い、人物や動物などの凝った彫刻を施した。日本人の「小さいもの好き」を反映して、2㎝くらいの彫刻に目を見張るほどの趣向を凝らしたものも少なくない。

＊水戸家上屋敷

御三家（→p93）の上屋敷は、当初、江戸城内の吹上《ふきあげ》にあったが、明暦の大火後に市谷（尾張家）・麹町《こうじまち》（紀伊家）・小石川（水戸家）に移転した。

【湯島聖堂《ゆしませいどう》】聖堂とは中国の孔子《こうし》ほかの聖賢を祀《まつ》るもので、儒学が盛んだった江戸時代には各地にあったが、湯島聖堂（文京区）がもっとも有名。寛政の改革（1787〜93）のときに、幕府の官学である学問所がつくられた。『聖堂絵図《せいどうえず》』東京、斯文会

が江戸《えど》川《がわ》といってな、昔はこれを上水にしていたようだ。今は別の流れを水戸家のお屋敷に引き込んで、そのあと外堀を越える木樋《もくひ》の橋（懸樋《かけひ》）を架けてある。それを水道橋というのじゃ。

さて、この屋敷じゃ。そなたも一緒についてくるがいい。もう致仕《ちし》（退職）されておるし、いたって気さくな方じゃ。

湯島聖堂と神田明神

さてさて、これで用事はすんだ。あとは上野のお山の寛永寺《かんえいじ》に向かうぞ。

水戸様の上屋敷はなかなかに広い。それを越えて、この先の坂を外堀に沿って上って行くと、今度は左手に聖堂《せいどう》の大屋根が見えてくる。

国許《くにもと》にも藩校があるが、聖堂のそばにあるのが昌平坂《しょうへいざか》学問所、つまり幕府の学校じゃ。直参《じきさん》の旗本や御家人《ごけにん》のなかには、ここで学んで、学問吟味というものを受けるものもいる。この結果が、のちのちの立身出世に響いてくる仕組みでな。学

【神田上水の懸樋《かけひ》】江戸で最初に引かれた水道である神田上水は、懸樋（水道橋）を使ってお茶の水で神田川（外堀）を越え、その先は暗渠《あんきょ》となって江戸城内へ入った。のちに、懸樋の隣にあった橋も、それにちなんで水道橋と呼ばれた。『温故《おんこ》写真集』より。江戸東京博物館

【神田祭《かんだまつり》】神田明神（千代田区）の祭礼は、山王権現《さんのうごんげん》（港区、日枝《ひえ》神社）の山王祭とともに、江戸城内で将軍の上覧に供するところから「天下祭り」と称された。各町ごとに豪華な山車《だし》が繰り出されて、その行列は数kmに及んだといわれる。現在も隔年の5月に盛大に行なわれる。歌川芳藤《うたがわよしふじ》『神田御《かんだご》祭礼飯田町中坂上《さいれいいいだまちなかさかのぼ》ル図《ず》』江戸東京博物館

問所に入った人はみな、熱心に勉学に励むそうじゃ。各藩からも入学するものがいる。

聖堂の北隣には*神田明神《かんだみょうじん》がある。平安《へいあん》の昔に、都に背いた*平将門《たいらのまさかど》という武将が祀《まつ》られていて、江戸の総鎮守とされておる。祭りはなかなか豪壮なもので、門前のにぎわいも相当なものじゃ。いずれ改めて参じるとしようぞ。

筋違御門《すじかいごもん》のところの町場を通るのが、下谷《したや》の御《お》成《なり》街道という。上様が上野のお山に参詣なさるときに通られる道だ。寛永寺は将軍家の菩提寺《ぼだいじ》であるだけに、上様が参詣なさるのは当然のことだが、この町場をお通りになるときは、警護の厳しさも格別でな、町人も大変な思いをすると聞いておる。ほれ、ここからは広小路じゃ。左の池が不忍池《しのばずのいけ》といってな、なかなかよい景色であろう。

江戸の鬼門を守る寛永寺

寛永寺《かんえいじ》はその名でわかるように、寛永2年（1625）に*天海僧正《てんかいそうじょう》が創建した寺での、山号を東《とう》

＊神田明神
千代田区外神田。社伝によると創建は天平2年（730）で、現在の千代田区大手町にあったが、元和2年（1616）に江戸城の表鬼門にあたる現在地に移転した。徳川幕府によって建てられた桃山風の壮麗な社殿は、関東大震災（1923）で焼失。昭和9年（1934）に鉄筋コンクリートで再建された。

＊平将門
?～940。下総《しもうさ》を本拠地とする武将で、一族の内紛から朝廷に対する反乱に発展。藤《ふじ》原秀郷《わらのひでさと》（生没年不詳）らに鎮圧され、敗死した。その首は現在の千代田区大手町に葬られたといい、祟《たた》りを鎮めるために神田明神に祭神として合祀されたと伝わる。

【寛永寺《かんえいじ》】上野の寛永寺（台東区）は、4代将軍家綱《いえつな》など6人の将軍の廟《びょう》がある、将軍家の菩提寺《ぼだいじ》。画中には、東照宮《とうしょうぐう》や五重塔・伽藍・大仏などが描かれている。明治元年（1868）の上野彰義隊《うえのしょうぎたい》戦争で、伽藍のほとんどを焼失。現在の本堂は、子院の跡地に埼玉県川越の喜多院《きたいん》の本地堂《ほんじどう》を移築したもの。『江戸図屏風《えどずびょうぶ》』（部分）千葉、国立歴史民俗博物館

叡山《えいざん》という。京の都の鬼門《きもん》を守る比叡山《ひえいざん》に擬して、江戸の鬼門に創建されたわけじゃ。

鬼門といえば、＊日光山《にっこうさん》もちょうど鬼門にあたる。このあたりにも家康《いえやす》公の周到さがあると、儂《わし》は思うのじゃ。

そうそう、家康公のことを権現《ごんげん》様とも申しあげる。これは、天海僧正が天台宗《てんだいしゅう》の僧であったことに始まる。権現というのは、仏がわが国の神様となって、衆生《しゅじょう》を救うために現われるときのお名前だという。

家康公がお亡くなりになったときに、お近くに仕えたもうお一方の僧で＊金地院崇伝《こんちいんすうでん》という方が、明神《みょうじん》の号を差しあげるべきだと考えたのだが、天海僧正の主張がお通りになったのだそうだ。

どうだ、この一山に三六もの御坊がある。御三家や諸大名が寄進をつづけたせいで、このような大伽藍《がらん》となったわけだ。寺領とされる土地は、相当なものじゃ。

寛永寺の住持は、輪王寺宮《りんのうじのみや》といって、日光山の

＊天海僧正
?～1643。徳川家康の帰依篤《あつ》く、家康の死後は遺体を日光山に改葬し、権現《ごんげん》号の勅許を得た。寛永2年（1625）に上野に寛永寺を創建して、開山となった。

＊日光山
栃木県日光市の輪王寺《りんのうじ》の山号。江戸時代には、家康を祀《まつ》る日光東照宮や二荒山《ふたらさん》神社を含み、皇族が門跡《もんぜき》を務める大寺院で徳川幕府と密接な関係をもっていた。明治の神仏分離令（1871）により規模は縮小したが、家光の墓である大猷《だいゆう》院霊廟《いんれいびょう》など国宝・重文の建築物が壮観。

【不忍池《しのばずのいけ》】上野の山の南西にある池で、現在、上野公園となっているあたりを忍岡《しのぶがおか》と呼んだのに対し、この名があるともいわれる。寛永寺建立の際に琵琶湖《びわこ》になぞらえられ、竹生島《ちくぶしま》に見立てた弁天島に弁財天を祀った。池畔の高台に、京都の清水寺《きよみずでら》を模してつくられた清水観音堂がある。歌川広重《うたがわひろしげ》『名所江戸百景《めいしょえどひゃっけい》　上野清水堂不忍ノ池《うえのきよみずどうしのばずのいけ》』江戸東京博物館

門主《もんず》でもあり、天台宗の座主《ざす》でもあるほど、由緒を誇ってもいる。

　お参りがすんだら、*池之端《いけのはた》の料理屋で昼飯とまいろうか。

　先ほど、東の比叡山だから東叡山と申したであろう。だとすれば、不忍池《しのばずのいけ》は何にあたる？　そうだ、そうだ。これは琵琶湖《びわこ》に見立ててあるのじゃ。とすれば、あの島は竹生島《ちくぶしま》ということになる。祀《まつ》られているのは弁財天《べんざいてん》だから、きちんと平仄《ひょうそく》があっておろう。

　さてと、これから食べるのは鰻《うなぎ》の蒲焼《かばやき》じゃ。これればかりは、江戸が一番。儂は鰻の蒲焼が大の好物でな。江戸を離れると、これが食べられん。ちと残念じゃ。

　どれ、上がるとしようか。きょうは、そなたの出府祝いだと申したはずだぞ。ささ、一杯いこう。兄上の息子のそなたが下戸《げこ》ということはあるまい。鰻が焼き上がるまで、飲みながら待つとしようではないか。

＊金地院崇伝
１５６９〜１６３３。江戸初期の臨済宗《りんざいしゅう》の僧で、以心崇伝《いしんすうでん》ともいう。京都南禅寺《なんぜんじ》の住持だったが、家康に仕えて、幕府の寺社行政や「禁中並公家諸法度《きんちゅうならびにくげしょはっと》」の制定などにかかわった。

＊池之端
現在の台東区上野2丁目、不忍池の南側が江戸時代の池之端仲町《なかちょう》で、茶屋が多かった。現在も江戸時代創業の鰻屋をはじめ、蕎麦《そば》・櫛《くし》・組紐《くみひも》・建具などの老舗《しにせ》が多く残る。

【増上寺《ぞうじょうじ》】寛永寺と並ぶ徳川将軍家の菩提寺。家康が建立したという山門の三解脱《さんげだつ》門は、都心部に現存する最古の建造物。歌川広重《うたがわひろしげ》『江戸名所三つのながめ　芝増上寺雪中《しばぞうじょうじせっちゅう》』江戸東京博物館

南の備えは増上寺

寛永寺《かんえいじ》は将軍家の菩提寺《ぼだいじ》だと、先ほど申したであろう。しかし、将軍家には、もうひとつ菩提寺がある。

じつは、こちらのほうが古い。家康《いえやす》公のご入府からすぐに帰依《きえ》を受けて、二〇万坪の寺域に、二〇〇以上もの堂宇がそびえておる。そなたはもう目にしたはずじゃ。

そうだ、*芝《しば》の増上寺《ぞうじょうじ》だ。こちらは浄土宗《じょうどしゅう》の寺でな、家康公の側近の武将には、この宗派の方が少なくない。2代将軍の台徳院《たいとくいん》様（秀忠《ひでただ》）は、増上寺の御霊屋《おたまや》に祀《まつ》られておる。学僧が三〇〇〇人もおるそうじゃ。もっとも、生臭《なまぐさ》も少なくなくて、時に問題になったりもする。

いずれ、増上寺にも詣でようではないか。あの門前もなかなかのにぎわいで、楽しめる。なに？ 勘違いをするではないぞ。儂《わし》が江戸の市中に詳しいのは、あくまでお役目大切と励んできた末のこ

＊芝
江戸の中心部への入り口として「芝口」ともいい、現在の港区新橋から芝公園にかけてのあたり。江戸ゆかりのものに、愛宕《あたご》神社（愛宕山）・金地院《こんちいん》・増上寺・芝大神宮（芝神明《しばしんめい》）や、将軍の猟場だった浜離宮庭園、紀伊家の浜屋敷だった旧芝離宮庭園などの見どころがある。

【鰻の蒲焼《かばやき》】「江戸前」を売り物にする蒲焼の店。店の奥で親父が鰻をさばき、店先で女房が焼いている。調味料にみりんが使われるようになって、鰻は蒲焼が定着した。鰻の焼ける匂いが客を招くのは、今も変わらない。鍬形蕙斎《くわがたけいさい》『近世職人尽絵詞《きんせいしょくにんづくしえことば》』東京国立博物館

とだからな。決して、遊びで覚えたわけではない。兄上によけいなことをいわれたのでは、立つ瀬がないからのう。

　それでも、城の北東の鬼門に寛永寺、南に増上寺をつくる。これには戦に備えた意味があったと、儂は思うのだが、考えすぎかのう。

　いやいや、そんなことはない。西側の八王子《はちおうじ》には、＊千人同心《せんにんどうしん》を置いていることを考え合わせると、家康公というお方は、江戸を強固な城下町につくりあげておる。やはりたいした武将だと思わざるをえないであろうのう。天下人となって、この泰平の世を開いたのは、並々ならぬ才があったのであろう。

　それ、蒲焼《かばやき》がきたぞ。この匂いがたまらんところだが、この厚み、この脂ののったところがうまいのじゃ。ささ、食べるがよい。

　これが口福《こうふく》というものじゃ。そなたが来てくれたおかげで、これからの一年、儂も江戸の名物を食えるわけだから、うれしいのう。ふふ。

＊千人同心

東京都八王子市周辺に置かれた、江戸幕府直属の郷士《ごうし》集団。一般に「八王子千人同心」と呼ぶ。当初は甲斐（山梨）国境の警備を、のちに日光東照宮の火の番が加わったが、ふだんは農業に従事していた。10人の千人頭《せんにんがしら》の下に10人（のちに9人）ずつの組が100組つくられたので、この名がある。時代が下ると、家計の困窮により同心株を売るものが多く、八王子周辺から多摩の村々へ拡散した。

江戸城の建設

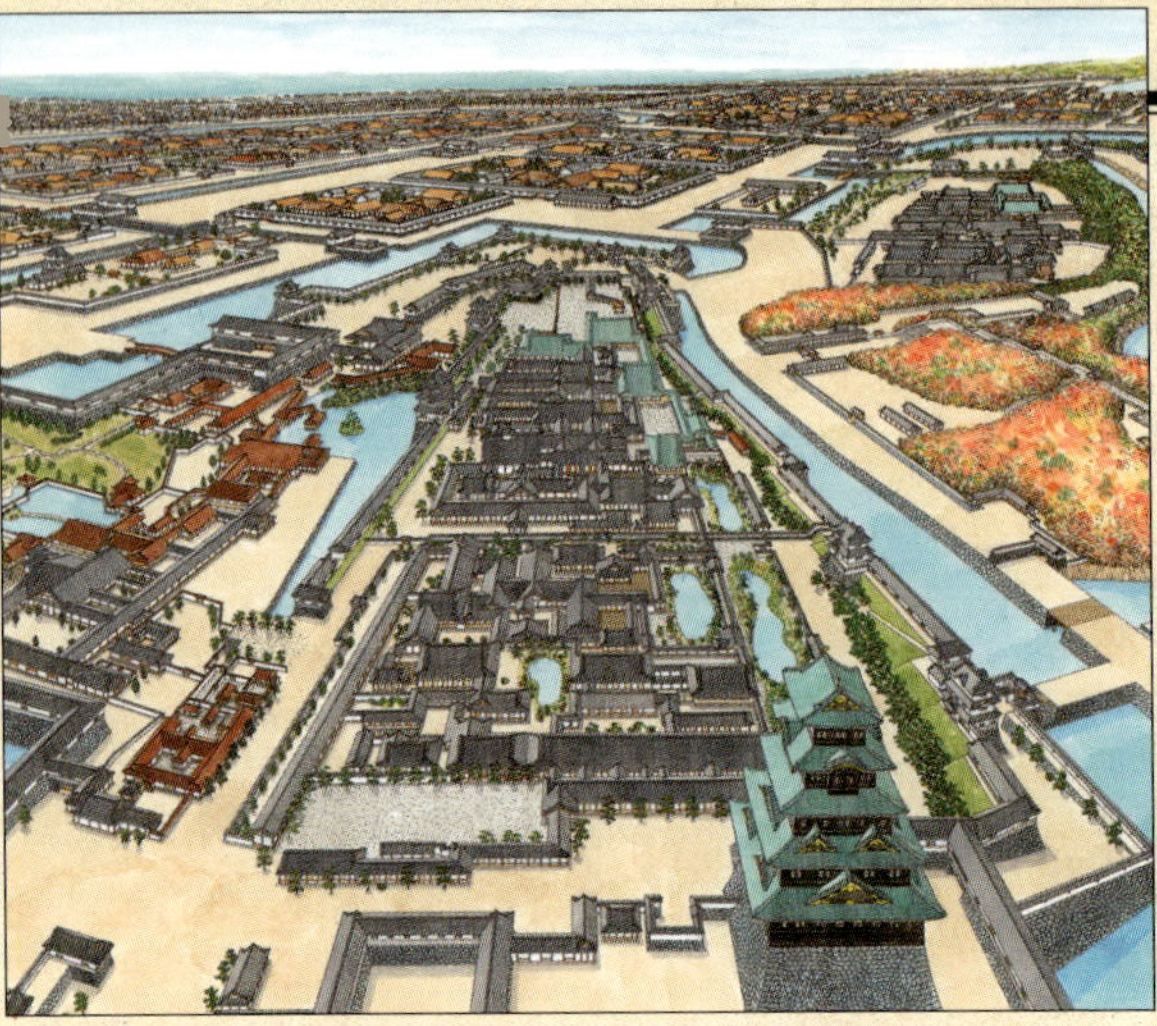

【江戸城のパノラマ】3代将軍家光の時代の完成した江戸城。画面右下の天守から南(画面上)に向かって、大奥・中奥・表御殿が連なっている。イラスト／飯島満

◆「天下の総城下町」建設へ

徳川家康《とくがわいえやす》が江戸に入ったのは天正《てんしょう》18年（1590）、豊臣秀吉《とよとみひでよし》による小田原《おだわら》陥落直後のことである。その当時の江戸の状況については諸説あるが、15世紀に太田道灌《おおたどうかん》によって築かれた江戸城が、さびれたものになっていたことは確かで、関八州を支配する大大名である徳川氏の居城としてふさわしいものでなかったことも確かである。

家康は、城郭と城下町を同時並行的に建設する必要に迫られた。そこで本丸南側の台地にまで城域を拡大し、西の丸を築くとともに、その排出土で日《ひ》比谷《びや》入江《いりえ》を埋め立て、武家地の一部と町場化を図った。

慶長《けいちょう》8年（1603）に家康が征夷大将軍になると、江戸の性格も、徳川氏の城下町から天下の総城下町へと変化した。建設の手法も変わり、全国の大名が工事に動員されるようになった。

まず重視されたのは、船入堀《ふないりぼり》の整備である。本格的な城郭に必要な大石や木材の搬入に備えてのものである。とくに石垣の造営に不可欠な石は、伊豆《いず》半島で切り出されるため、その運搬に必要な船を用意しなければならない。幕府は一万一九二五両を諸大名に補助し、これに備えた。

また、神田《かんだ》山《やま》（千代田区神田駿河《するが》台《だい》）を切り崩し、日本橋浜町《にほんばしはまちょう》から新橋《しんばし》あたりまでを埋め立て、町人地を造営し、受け持ちの大名の領国を町名とした。尾張町《おわりちょう》・加賀町《かがちょう》・出雲町《いずもちょう》などがそれである。

築城の責任者には藤堂高虎《とうどうたかとら》があたり、本丸・二の丸・三の丸が築かれ、慶長12年には五層の天守が建設された。

◆完成した江戸城のなかは

家康に始まり3代将軍家光《いえみつ》の時代までつづけられた江戸城の建設が、一応の完成をみるのは寛永《かんえい》17年（1640）

【江戸城の天守】天守の建つ本丸の左に西の丸がつづいている。間に見える神社は山王権現（港区、日枝《ひえ》神社）。『江戸名所図屏風《えどめいしょずびょうぶ》』（部分）東京、出光美術館

のことで、じつに三七年間に及ぶ工事が行なわれたことになる。

最終的に城域は、本丸・西の丸・二の丸・三の丸・吹上《ふきあげ》の各域で構成されることになった。本丸は将軍が、西の丸は大御所あるいは将軍世子が暮らすところである。

本丸の御殿は、大きく三つに分かれている。「表」は謁見などの儀式に用いられるとともに、諸大名の詰座敷《つめざしき》や日常の政務を行なう諸役人の執務する場所である。老中《ろうじゅう》や若年寄《わかどしより》の執務する御用部屋は中奥《なかおく》近くにあった。「中奥」は将軍が日常生活を送り、政務をとる区域で、将軍の公邸というべき機能があった。

「大奥《おおおく》」は、将軍の私邸であり、正室である御台所《みだいどころ》や子女、奥女中の起居するところである。表と中奥はほぼ連続した建物だが、大奥と中奥は厳重な塀で隔離されており、「御鈴廊下」と呼ばれる通路だけでつながっていた。大奥に入れる男性は将軍のほかはごく限られており、独特の風習と権力構造のある世界だった。

◆明暦の大火で変わった江戸

明暦《めいれき》3年（1657）の大火は、江戸市中の大半を焼き尽くしただけでなく、江戸城内もほぼ全域にわたって焼失させた（→p96）。

しかしこの大火は、急増をつづける江戸の人口の再配置を行なう契機ともなった。寺社地を郊外に移転したり、公認の遊廓《ゆうかく》である吉原《よしわら》を、日本橋近くから浅草田圃《あさくさたんぼ》に移転するなど、都市域を拡大し、武家屋敷の再編も可能にした。江戸城もすみやかに再建されたが、天守は再建せず、吹上も以後は建物を廃し、広大な庭園となった。

その後も江戸城は、何度かの火事に罹災《りさい》しているが、幕末までほぼ同じ規模と構造を維持しつづけた。

【大岡越前守《おおおかえちぜんのかみ》】もっとも有名な町奉行。「天一坊《てんいちぼう》」を裁く「大岡政談」の舞台を描いた、歌川国貞《うたがわくにさだ》の錦絵より。東京、早稲田大学演劇博物館

【江戸の治安】

◆少ない人数だった町奉行所

江戸は、ほかの都市と比べても武士人口の多い城下町であった。しかし、武士は支配階級ではあっても、独力で生活を営むことはできない。そこで、さまざまな町人を移住させて町場を形成させた。

江戸に住む町人の数が明確になるのは、享保《きょうほう》6年（1721）のことで、幕府の調査では五〇万一三九四人とある。その後は五〇～五五万人で推移している。これだけの人数がいる都市の治安を維持していくには、現在の警察制度から推測すると、かなりの人手が必要になるはずだ。

ところが、町方の治安維持にあてられた武士の数は、いたって少ない。責任者というべき町奉行は、老中支配下で南と北の二名（一時期、中町奉行もおかれた）。それに付属する与力《よりき》が両奉行所に二五名ずつ。さらにその配下にいる同心《どうしん》が各一〇〇人ずつの二〇〇人。じつにこれだけの人数で、町方全体を支配していたことになる。

町奉行が管轄しているのは、町方の警察・司法・行政全般にわたる。南と北の両奉行所は、ひと月交代の月番制

【幕末ごろの町奉行所と与力・同心の組屋敷】

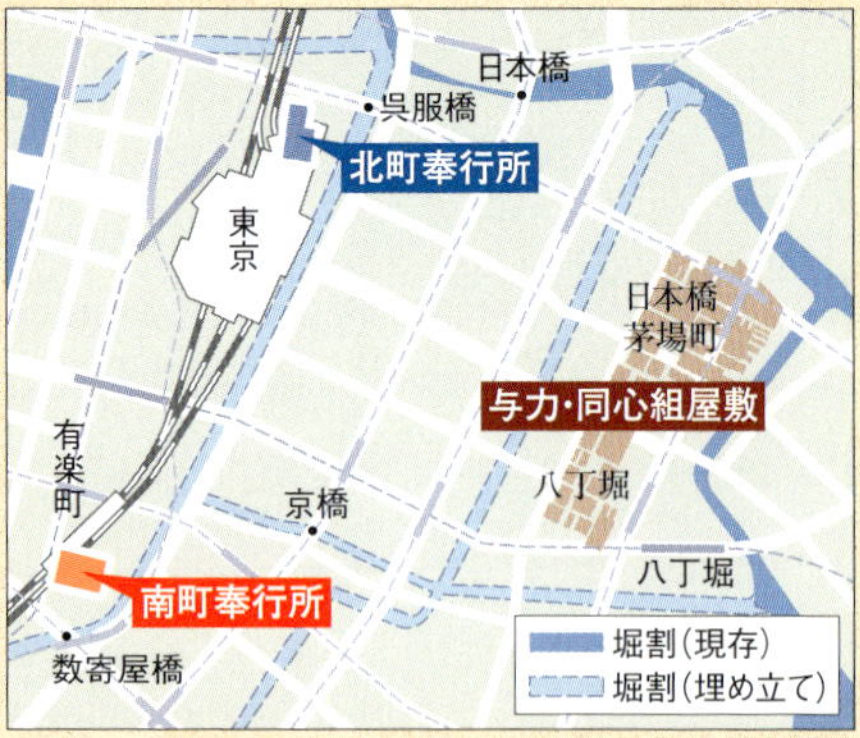

【お白洲《しらす》での取り調べ】町人は砂利に座って判決を聞いた。
江戸東京博物館

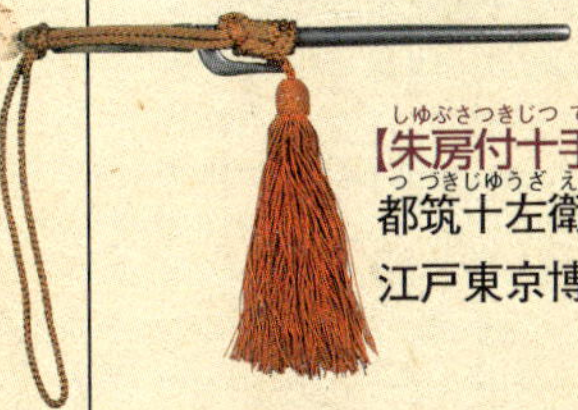

【朱房付十手《しゆぶさつきじつて》】町奉行所与力の都筑十左衛門《つづきじゆうざえもん》が所用したもの。
江戸東京博物館

【自身番屋に張り出された町触】『藤岡屋《ふじおかや》日記《にっき》』（第三七　嘉永5年珍説集）東京都公文書館

で仕事につく。ただし、訴訟の受け付けや事件捜査の初動に関しての月番であって、継続した案件については引きつづき業務にあたる。

◆町方の自治と犯罪捜査の実際

これだけの人数で、江戸の治安維持が可能になるには、条件がふたつある。ひとつは、町の自治制である。各町には町役人がおり、行政のほとんどを代行していた。町奉行の命令である町《まち》触《ぶれ》の伝達や訴訟事への付き添いなど、町政に関しては町役人が代行する業務が多い。

もうひとつは、非正規職員ともいうべき、目明《めあか》し（岡《おか》っ引《ぴき》）の存在である。町同心の配下にある民間人で、おもに刑事事件の捜査にあたった。幕末の記録では約四〇〇人の親分格がおり、親分と同居する下《した》っ引《ぴき》が一〇〇人ほどいた。幕府は公式には禁止していたが、実質的には必要とされた。

もともとは臨時的な措置として、犯罪捜査にあたったのが火付盗賊改《ひつけとうぞくあらため》である。寛政《かんせい》期（1789～1801）に活躍した長谷川平蔵《はせがわへいぞう》で有名な役職で、与力一〇騎以内、三〇～五〇人の同心を配下にもち、その名のとおり、放火犯と盗賊の追及をおもな任務とした。町奉行が老中支配なのに対し、こちらは若年寄の支配下にあった。

浜町河岸通り
隅田川
日本橋久松町
浜町駅
明治座
浜町公園
新大橋
日本橋人形町
日本橋浜町
清洲橋通り
甘酒横町
新大橋通り
水天宮
水天宮前駅
ロイヤルパークホテル
日本橋蛎殻町
清洲橋
首都高速

其之参

中村座にて

江戸時代の人々は、生活を楽しむことにかけては、
まさに達人。いろいろな娯楽があるなかでも、
いちばんの楽しみは芝居見物だった。
憧れの人気役者を間近に見られる芝居小屋は、
浮世の憂《う》さを忘れさせてくれる別世界。おしゃれをして、
朝早くから日暮れまで夢のような時間を過ごす幸せ。
芝居通のお内儀《ないぎ》さんの案内で、いざ中村座《なかむらざ》へ——

【芝居見物の様子】明和（1764〜72）ごろの芝居小屋の桟敷《さじき》風景。現代のプログラムにあたる役割番付を見ながら、芝居を見物している。提灯《ちょうちん》の「高麗屋《こうらいや》」は4代目松本幸四郎《まつもとこうしろう》、札の菊之丞《きくのじょう》は2代目瀬川《せがわ》菊之丞のこと。駒井美信《こまいよしのぶ》『芝居桟敷《しばいさじき》』東京国立博物館

■左ページ図版
【中村歌右衛門《なかむらうたえもん》】3代目歌右衛門が大坂へ帰る前のお名残《なごり》狂言の9役を描いたもので、芸域の広さを見せつけている。手前中央は口上姿の歌右衛門。歌川国貞《うたがわくにさだ》『中村歌右衛《なかむらうたえ》門一世《もんいっせ》一代御《いちだいお》名残狂言《なごりきょうげん》』東京、国立劇場

芝居見物の朝

さあさあ、起きてください。もう七つですよ、お志満《しま》さん。夕べはあんなに張り切ってたのに、もう。しゃんとしてください。来年になれば、あなたも一家の家向きのことを背負う身なんですから。ましてや、きょうはあれだけ楽しみにしてた*歌右衛門《うたえもん》に会えるんですよ。

しづや、しづ。お志満さんの着替えを手伝っておくれ。半刻《はんとき》もしたら出かけなきゃいけないんですからね。私の娘時代には、芝居を見にいくなんていったら、前の日からうきうきして、ろくすっぽ眠れなかったものですよ。着ていく着物のことや櫛笄《くしこうがい》のことまで、心配になってね。

ほら、きょうだってお志満さんを起こす前に、着替えがきちんとすんでるでしょう。

なんといっても、お芝居は明け六つに始まるものなんですからね。私は茶の間に戻ってお茶をいただいていますから、支度ができたら降りてきて

*中村歌右衛門
江戸時代から現代まで、6代つづく歌舞伎の名跡《みょうせき》。初代が加賀《かが》国（石川県）金沢《かなざわ》で生まれたことから、屋号は加賀屋。4代目以降は成駒屋《なりこまや》。初代の実子である3代目（1778〜1838）は上方の役者で、立役《たちやく》や女形《おやま》（女方）など幅広い役柄をこなし、大坂で大きな名声を得た。江戸にも3回下って、大人気を博した。文化・文政期（1804〜30）を代表する名優のひとり。

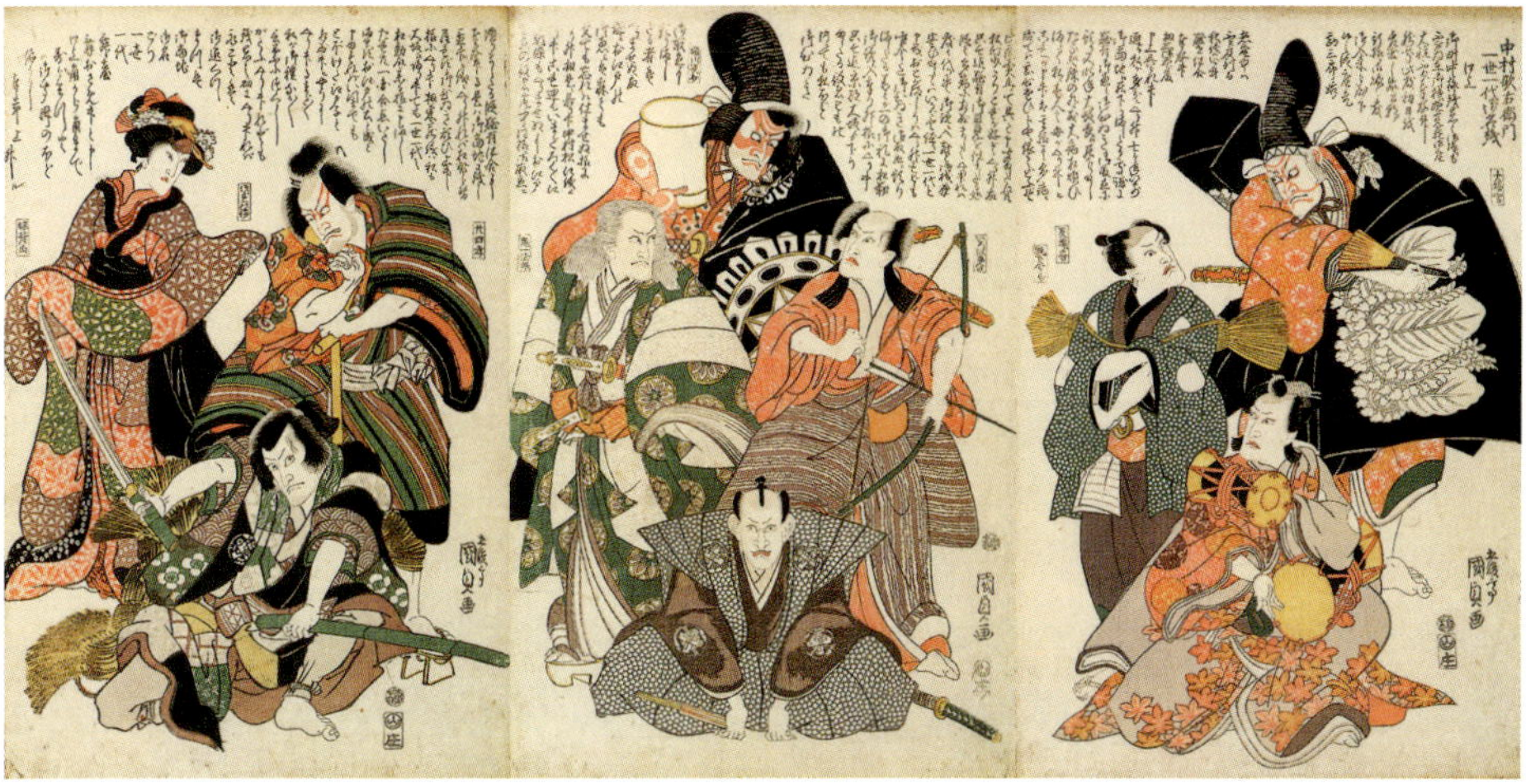

くださいよ。
　それにしても、*伊勢店《いせだな》の番頭さんの娘のお志満さんが江戸に来てくれたおかげで、私まで上方から下ってきた歌右衛門が見られるんだから、儲けたようなものだねえ。お嫁にいく前に、一度は江戸を見ておきたいっていうんで、江戸店《えどだな》の叔父さん――私の主人――のところに遊びにきたんだけど、やっぱり女は女同士、女房の私が面倒見なきゃねえ。幸い二つ年下の従妹《いとこ》にあたる娘のお初《はつ》もいることだし、女の子がもうひとり増えたようで、なんだか華やぐもんだねえ。
　しばらくは江戸にいることになるけど、寺社詣でもさることながら、歌舞伎を見たいっていうものねえ。それなら、やっぱり中村座《なかむらざ》から始めて、三座全部見せてあげたくなっちゃうよ。
　さて、そろそろ支度はできたかしら。やっと降りてきましたね。着替えはしづに持たせましたね。お初、お初、出かけますよ。しづもしっかりついてきてくださいよ。

*伊勢店
江戸に出店をもつ商家の伊勢（三重県）にある本店。江戸の支店は江戸店といい、伊勢と近江（滋賀県）に本店のあるものが多かった。伊勢店には木綿を扱う問屋が多く、日本橋大伝馬町の木綿問屋は、大半が伊勢の江戸店だった。

江戸きっての芝居町

ほら、堺町《さかいちょう》に近づいてきましたよ。なんだか私が浮き立つようだよ。お初、久しぶりだねえ、この雰囲気は。

お志満《しま》さん、ここが江戸でいちばんの芝居町ですよ。隣の葺屋町《ふきやちょう》と合わせて二丁町《にちょうまち》といいましてね。江戸三座といわれる官許の芝居小屋のうち、いちばん古い中村座と市村座《いちむらざ》があるんですよ。もうひとつの*森田座《もりたざ》は木挽町《こびきちょう》です。

じつは、江戸にはもうひとつ山村座《やまむらざ》を入れて、四座あったんです。でも、山村座は正徳《しょうとく》4年（1714）に*江島《えじま》・生島《いくしま》事件というのがあって、そのときにお取り潰しになってしまったんですよ。それ以来、江戸三座ということになってしまったわけ。

だからといって、江戸には三座のお芝居しかないのかというと、そんなことはありません。お寺や神社の境内でやる宮地《みやち》芝居とか小芝居とか、た

＊森田座
万治3年（1660）に木挽《こびき》町《ちょう》（中央区銀座）につくられ、座元は代々森田勘弥《もりたかんや》を名のった。天保の改革で、中村座・市村座とともに猿若町（台東区浅草）に移転し、安政5年（1858）に「守田」の字に改めた。木挽町は現在の歌舞伎座とほぼ同じ位置にあり、芝居町の伝統が今もつづいている。

＊江島・生島事件
江島（1681〜1741）は、7代将軍家継《いえつぐ》のときに、勢力のあった大奥女中。山村座の役者生島新五郎（1671〜1743）と密通したとされ、江島は高遠《たかとお》（長野県）に、生島は三宅島《みやけじま》（東京都）に流罪となり、山村座は断絶した。

■右ページ図版

【二丁町《にちょうまち》】堺町《さかいちょう》と葺屋町《ふきやちょう》（中央区日本橋人形町あたり）は、天保の改革（1841〜43）で浅草猿若町《あさくささるわかちょう》へ移転するまで、芝居町としてにぎわった。歌川広重《うたがわひろしげ》『東都名所《とうとめいしょ》二丁町芝居繁栄之図《にちょうまちしばいはんえいのず》』江戸東京博物館

【中村座の櫓《やぐら》(復元)】屋根の上に立つ櫓は芝居興行の公許のしるしで、櫓幕には中村座の紋である「角切銀杏《すみきりいちょう》」が染め抜かれている。右側の文字は「中むら　きやうげんづくし　かん三郎」とある。江戸東京博物館

くさんあります。でも、御公儀《ごこうぎ》がお認めになられたお芝居はこの三つだけ。というわけで、その証《あかし》があそこに見える櫓《やぐら》なんですよ。

ただ、芝居興行は水ものですから、大当たりもあれば評判が取れないものもある。それに火事にあったりして、興行ができなくなってしまうこともあってね。そういうときには、かわりを務める「控櫓《ひかえやぐら》」というのがあります。中村座には*都座《みやこざ》、市村座には*桐座《きりざ》、森田座には*河原崎座《かわらさきざ》と決まっているんですよ。

なぜそんなことをするのかというとね、ほら、まわりを見てごらん。芝居小屋のまわりには巾着《きんちゃく》屋《や》とか菓子屋とか煙草《たばこ》屋、酒屋、銭両替屋、そしてこれから私たちがお世話になる芝居茶屋とかね、たくさんの人たちが、芝居興行に集まる人をあてにした商売をしているでしょう。

芝居興行がなくなってしまったら、この人たちの生業《なりわい》の道が立たなくなってしまいますからね。そこはお上も考えたんでしょうねえ。

＊都座
堺町にあった芝居小屋で、寛政5年（1793）に中村座が休座のときと、文化14年（1817）に市村座の桐座が不振のときに、都座が興行した。

＊桐座
もとは女舞と女芝居の小屋だったが、天明4年（1784）から数度にわたり、葺屋町で市村座の控櫓として興行した。

＊河原崎座
17世紀中ごろに、能太夫の河《かわ》原《ら》崎権之《ざきごんの》助《すけ》が創設した芝居小屋で、享保20年（1735）から幕末まで、森田座の控櫓として興行した。

■左ページ図版
【中村座の正面】文化14年（1817）出版の上下6枚続きの大作で、中村座の場内と外観を3枚ずつに描いたものから、中村座の外観正面。櫓の下にはさまざまな絵看板や名《な》題《だい》看板が並び、呼び込みや見物客でごった返している。歌川豊国《うたがわとよくに》『中村座《なかむらざ》内外《うちそと》の図』江戸東京博物館

中村座*の櫓の紋は、隅切り角に逆さ銀杏《いちょう》です。目立つでしょう。それじゃ、お茶屋に入りましょうかね。

芝居茶屋の一室で

おかみさん、いつもいい席を取っていただいてありがとう。きょうも一日お世話になりますよ。娘のお初はご存じでしたね。こちらは本家筋の伊《い》勢《せ》からいらしたお嬢さんで、お志満《しま》さんといいます。よろしくお願いしますよ。

さあ、お志満さん、こちらの座敷がきょう一日、私たちがお世話になるところです。ここで着替えて、まずは朝ご飯をいただきましょう。

お志満さん、何をそわそわしてるんですか。えっ、芝居が始まってるって？　いいんですよ。こんな時間に出ているのは、たいした役者じゃないんですから。それより、ゆっくりとお膳を味わいましょう。きょうの料理は、有名な日本橋《にほんばし》浮世《うきよ》小《こう》路《じ》の百川《ももかわ》にお願いしてあります。こうしてお料理

＊中村座の座紋
「角切《すみきり》銀杏《いちょう》」といい、四角の角を切り落とした八角形のなかに銀杏の葉が逆さにあしらわれている。中村座をつくった猿若勘三郎《かんざぶろう》が、芝居興行を願い出たときに、鶴が富士山の上から銀杏をのせたお盆をくわえて家に舞い降りる夢を見たので、縁起がよいとして座紋にしたといわれる。

を味わうのも芝居見物の楽しみのうちです。男の方は料理屋だなんだと楽しむ場所がおありだけど、私たちは、こういうところでおいしいものをいただくくらいしかありませんからね。

それに、いい男が演じるお芝居を見られるんですから、女冥利《みょうり》に尽きるというものですよ。

江戸で本格的に歌舞伎が演じられるようになったのは、寛永《かんえい》元年（1624）のことだそうです。この中村座をつくった*猿若勘三郎《さるわかかんざぶろう》という役者が、中橋南地《なかはしなんち》に常設の小屋をはじめて建てて興行したんだとか。

それから一〇年遅れて*市村座が葺屋町《ふきやちょう》にでき、森田座は万治《まんじ》3年（1660）に木挽町《こびきちょう》にできたそうですよ。

お志満さん、こんな話は退屈かもしれませんが、知っておくとあとで芝居を見るときに、きっと役立ちます。役者も代々、家の芸を引き継ぎながら演じてきたんですよ。勘三郎の名代だって、何代も引き継がれてきたんですから。

＊猿若勘三郎
1597?〜1658。上方から江戸へきた役者で、京橋《きょうばし》川《がわ》の南側にあたる中橋南地（中央区銀座）に猿若座を創建し、芝居興行を始めたのが、江戸歌舞伎のはじめとされる。慶安4年（1651）に堺《さかい》町《ちょう》へ移転したと伝わり、のちに中村に改め、座名も中村座となった。以後、代々の座元は中村勘三郎を称し、その名跡は現在の18代目に至る。

＊市村座
寛永11年（1634）に京都の村山又三郎《むらやまたさぶろう》が江戸へ下って、葺屋町（中央区日本橋人形町）に村山座を建て、のちに市村《いちむら》宇《う》（羽）左衛門《ざえもん》が買い取って市村座と改めた。天保の改革で、中村座・森田座とともに猿若町（台東区浅草）に移転した。

【市川団十郎《いちかわだんじゅうろう》】江戸歌舞伎最大の名跡《みょうせき》で、荒々しい立ちまわりで悪人を退治する荒事芸を演じて、人気を博した。『暫《しばらく》』は7代目（1791〜1859）が制定した市川家のお家芸「歌舞伎十八番」のひとつで、現在でもよく上演される。歌川豊国『七代目市川団十郎《いちかわだんじゅうろう》 暫《しばらく》』江戸東京博物館

阿国歌舞伎から江戸歌舞伎へ

もともと歌舞伎は、女性が演じてたのはご存じかしら？

出雲《いずも》大社《たいしゃ》の巫女《みこ》だったという阿国《おくに》が、歌舞伎踊りというのを踊って、京都で大人気になりましてね。それが江戸にも伝わって、遊女歌舞伎といわれるようになったんです。これは寛永《かんえい》6年（1629）にお上が禁止してしまいました。

それで、今度は若衆歌舞伎というのができたんですが、これも禁止に。このころの歌舞伎は男も女も夢中になりすぎたようです。そういえば禁止された理由は察しがつきますかね。それ以降は、歌舞伎は大人の男の役者だけで演じられるようになったんですよ。

歌舞伎芝居の人気が出たのは、江戸では市川団《いちかわだん》十郎《じゅうろう》の荒事《あらごと》が、京都では*坂田藤十郎《さかたとうじゅうろう》の和事《わごと》が評判を呼んだ元禄《げんろく》（1688〜1704）のころからでした。*芳沢《よしざわ》あやめが女形《おやま》（女方）の芸を確かな

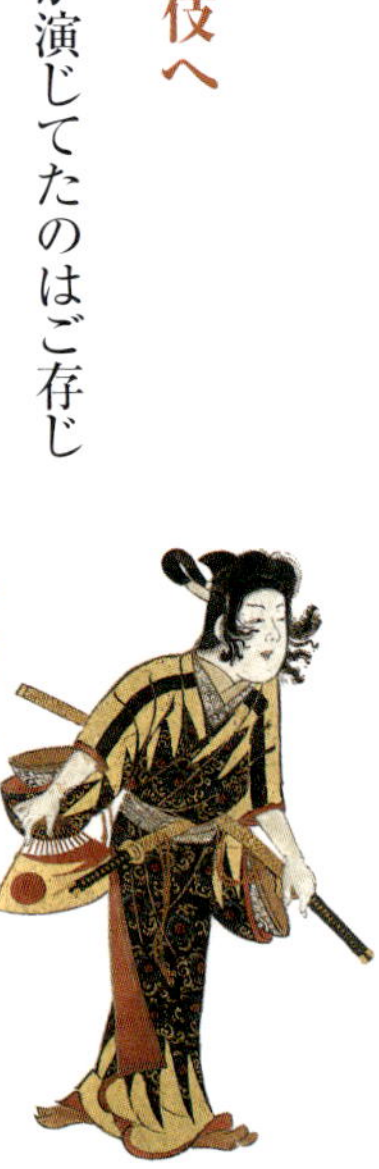

【出雲阿国《いずものおくに》】生没年不詳。16世紀の末ごろに、出雲大社の巫女《みこ》と称して歌い踊り、これが歌舞伎の始まりと伝えられる。『阿国歌舞伎図屏風』（部分）東京、サントリー美術館

＊坂田藤十郎

1647〜1709。江戸の初代団十郎と並ぶ、上方歌舞伎の人気役者。男女の恋愛沙汰を、やわらかな身のこなしとせりふで演じる和事の芸風をつくった。高貴な身分の人が恋愛事件などで零落《れいらく》する、「やつし」の役どころを得意とした。名跡は3代目以後、長いこと断絶していたが、平成17年11月、3代目中村鴈治郎《なかむらがんじろう》が231年ぶりに4代目を襲名して復活した。

【市川団蔵《いちかわだんぞう》】 大坂で修業した役者の4代目市川団蔵（1745〜1808）は、「生写《しょううつ》し」と呼ばれる写実的な芸風を追求し、渋い役柄を得意とした。歌川豊国『四代目市《いち》川団蔵《かわだんぞう》の毛谷村六助《けやむらろくすけ》』東京国立博物館

ものにしたのも、人気のもとでした。

　でも、江戸の歌舞伎が華やぎだしたのは、天明《てんめい》から寛政《かんせい》（1781〜1801）にかけてでした。市村座では、*中村仲蔵《なかむらなかぞう》という役者が出ましてね、『仮名手本忠臣蔵《かなでほんちゅうしんぐら》』の五段目で斧定九郎《おのさだくろう》を演じたのですが、それまでの定九郎とはいちだんと違う所作で、大変な評判になりました。今でも、「仲蔵ぶり」なんて言葉が残ってるくらいですよ。

　ほかにも、4代目市川団蔵《いちかわだんぞう》とか5代目*松本幸四郎《まつもとこうしろう》が出て、「生写《しょううつ》し」という芸風で人気を呼んだものです。

　*並木五瓶《なみきごへい》という作者が、3代目沢村宗十郎《さわむらそうじゅうろう》に招かれて大坂から江戸に来たのも、大きな出来事でした。市村座の『五大力恋緘《ごだいりきこいのふうじめ》』とか『金門五三桐《きんもんごさんのきり》』なんかが、何度も演じられるようになりましたからね。

　きょうの演目は『*近江源氏先陣館《おうみげんじせんじんやかた》』です。歌右衛門の所作事が大評判の芝居ですよ。ほんとうはお志満《しま》さんに、今年の5月の*『仮名手本忠臣蔵』

＊芳沢あやめ
1673〜1729。上方歌舞伎の女形で、美しい遊女を演じる傾城事《けいせいごと》を得意とし、三都随一の名女形といわれた。名跡は5代目までつづいた。

＊中村仲蔵
1736〜90。江戸の浪人の子とも、渡し守の甥《おい》ともいわれ、門閥のないところから苦労して名をなした。写実的な芸風で知られ、斧定九郎の新演出や、劇舞踊を大成した。

＊5代目松本幸四郎
1764〜1838。初代中村仲蔵に師事。悪役を得意とし、歌舞伎の脚本作者鶴屋南北《つるやなんぼく》（1755〜1829）の敵役《かたきやく》の大半は、この5代目にあてて書かれた。

【仮名手本忠臣蔵《かなでほんちゅうしんぐら》】天保10年7月に中村座で上演された舞台を描いたもの。右が4代目中村歌右衛門（1798～1852）の高《こうの》師直《もろなお》で、左は初代岩井紫若《いわいしじゃく》の顔世御前《かおよごぜん》と4代目市川八百蔵《いちかわやおぞう》の桃井若狭之助《もものいわかさのすけ》。歌川国芳《うたがわくによし》『忠孝義士由良意《ちゅうこうぎしのゆらい》　大序《だいじょ》』東京、早稲田大学演劇博物館

をお見せしたかったですよ。

なにしろ歌右衛門が師直《もろなお》、由良之助《ゆらのすけ》、定九郎、おかる母、戸無瀬《となせ》、弥五郎《やごろう》、天河屋《あまがわや》の七役を演じたし、定九郎の死骸の板返しとか、六段目の仕掛けを天井に引き上げると、そのまま七段目の仕掛けが出てくるとか、そりゃ江戸の芝居好きをうならせたんですよ。

さて、そろそろ私たちも桟敷に参りましょうかね。お兄さん、案内をよろしくね。

中村座の客席で

やっぱり、ここに来ると気持ちも華やぎます。お志満《しま》さん、どうですか。あんまりきょろきょろするのはみっともないですよ。誰が見てるかわからないんですから。

お志満さんはお嫁入りの決まった身ですが、お初はこれから婿殿を探さなければなりません。けっこう、芝居見物の席がお見合いになることもあるし、観劇のときに見初められたなんて話もあり

＊並木五瓶　1747～1808。大坂で人気の歌舞伎狂言作者だったが、3代目沢村宗十郎（1753～1801）の招きで、寛政6年（1794）に江戸へ下り、ふたりのコンビでヒット作を生んだ。

＊『近江源氏先陣館』　近松半二《ちかまつはんじ》ほかの作で、歌舞伎の初演は明和7年（1770）。現在は8段目の「盛綱陣屋《もりつなじんや》」の上演が多い。鎌倉時代の近江源氏の佐々木氏兄弟が戦う話だが、徳川と豊臣に分かれて戦った真田《さなだ》氏兄弟をモデルにしている。

＊『仮名手本忠臣蔵』　竹田出雲《たけだいずも》らの合作で、初演は寛延元年（1748）。元禄期の赤穂浪士の討ち入り事件（→p126）を、室町時代の『太平記《たいへいき》』の世界に置き換え

【芝居小屋の舞台と客席】 舞台下手（左）で上から下がっているのが定式幕。幕の下の舞台と同じ高さの立ち見席が「羅漢台《らかんだい》」で、その上は「吉野《よしの》」という安い桟敷席。歌川豊国『芝居《しばい》大繁昌之図《だいはんじょうのず》』国立劇場

ます。だから、みんな精一杯おしゃれして来るんですよ。

ところで、今は舞台の袖のほうに引かれてますが、縞模様の幕があるでしょう。あれは「定式幕《じょうしきまく》」といってね、表の櫓《やぐら》が官許の証《あかし》だといいましたが、これも官許の小屋でしか使えません。ほかの小屋は緞帳《*どんちょう》なんですよ。三座はそれぞれの定式幕が決まってましてね、ここは右から黒・茶・白。市村座は黒・茶・緑、森田座は緑・茶・黒の順です。

私たちがいるのは二階の桟敷ですが、この下の桟敷も含めて、桟敷席は全部、お茶屋さんを通さないと入れないんですよ。ふつうは平土間《ひらどま》という席です。

おもしろいのは、舞台の左手に、舞台と同じ高さのところにお客が入ってるでしょう。「羅漢台《らかんだい》」といってね、お芝居は横から見ることになるし、お値段も安いんですが、芝居通が好んで座るようですね。

さあ、お昼までゆっくり見ましょうか。

て書いたもので、忠臣蔵ものの集大成とされる。有名な人気作なので、事件の発端から討ち入りまで全11段が通しで上演されることも多い。

＊緞帳
引き幕の使用を許されなかった芝居小屋では垂れ幕を使ったため、「緞帳芝居」といえば、下流の芝居と見なされた。ただし、現代の劇場で使われている緞帳は、西陣織《にしじんおり》などの重厚で豪華なもの。

【平土間の客席（復元）】舞台正面の木枠で仕切られた枡席で、一般席にあたる。ひと枡に4～6人で座って、飲み食いしながら芝居を見物した。江戸東京博物館

■左ページ図版
【楽屋の様子】楽屋の3階には、座頭《ざがしら》や立役《たちやく》などの部屋があった。鏡台や小道具の置かれた部屋で、出番に備える役者や一杯やってくつろいでいる役者たちが描かれている。歌川豊国『江戸《えど》芝居三階之図《しばいさんがいのず》』東京、たばこと塩の博物館

千両役者は永遠の憧れ

さあて、お昼をいただきにお茶屋に戻りましょうかね。平土間のお客は、お茶屋から弁当を取り寄せて、席でいただきますが、私たちのような桟敷のお客はお茶屋でいただきます。

おしゃれなお方はお昼のあと、別に用意した着物に着替えたりもします。

えっ、掛かりの心配をしてくださるんですか、お志満《しま》さんは。

きょうは主人からたっぷりいただいてきてますから、心配はいりませんが、後学のために教えてさしあげましょう。桟敷が銀*で三五匁《もんめ》ですから、金*で二分と少しといったところです。もちろん、お茶屋さんのご祝儀は別ですよ。

平土間だと二五匁くらいですかね。いちばん安く見ようとすると、切り落としという席で、一三○文くらいだと聞いてます。

それよりお志満さん、千両役者という言葉をご

*銀・金→p75

存じでしょう。ほんとうにそんな給金をもらっていると思われますか？

＊寛政《かんせい》のご改革ということがあって、何事も緊縮ということになったときの定めでは、最高でも、五〇〇両となっています。

ということは、それ以前はもっと高かったはずで、ある本によると、先ほど話に出た芳沢あやめが江戸に下ったときの給金が、一年で一〇〇〇両だったといいます。2代目の団十郎も一〇〇〇両以上の給金だったといいますよ。

一方で、華やかな商売なので、大げさにいっているという方もあって。

でも、役者の実入りは、座元の給金だけじゃありません。大名のお屋敷に呼ばれることもあれば、贔屓《ひいき》筋の旦那衆から料理屋のお座敷に招かれることもあります。そういうときのご祝儀も馬鹿になりませんからね。ですから、給金以上のお金を手にしていることは間違いありません。

もっとも、芝居興行は水ものですから、不入り

＊寛政の改革
天明7年から寛政5年（1787～93）に、白河藩主で老中の松平定信（→p127）が中心になって行なった幕政改革。重商主義的だった田沼《たぬま》時代（→p20）に対し、農村の復興、都市部での倹約の強制や出版・思想統制、また旗本らの借金の返済を免除する棄捐令《きえんれい》（→p85）を出して幕臣を救済し、幕府の権威の強化を図った。しかし、その政策は庶民の反感を買い、「白河の清きに魚も住みかねて　もとのにごりの田沼恋しき」と狂歌で風刺された。

【役者の錦絵】歌舞伎の名作の舞台や人気のある役者は、浮世絵の題材として多く取り上げられた。多色摺りの色のきれいな大判錦絵は、現代の人気スターのブロマイドのようなものだった。東洲斎写楽《とうしゅうさいしゃらく》『三代目沢《さわ》村宗十郎《むらそうじゅうろう》の名《な》護屋《ごや》山三《さんざ》と三代目瀬川菊之丞《せがわきくのじょう》の傾城《けいせい》』東京国立博物館

のときもあれば、火事で小屋が焼けてしまって、座元が不如意《ふにょい》になってしまうこともあります。だから、けっこう厳しいこともあるのかもしれませんね。

でも、私たちにとっては、いつも憧れの存在でいてほしいわけだから、あんまり役者の懐具合をうかがうのもなんだかとは思いますよ。

憧れだからこそ、＊錦絵《にしきえ》になったりするわけだしね。私も娘時分には、ずいぶん買い集めたものですよ。でも、まあ、舞台の上じゃなくて、目の前に贔屓の役者さんが現われたら、そんな錦絵なんてつまらなく思えてしまいます。

そんな機会があるのかですって？　それは芝居がはねてからのお楽しみだけど、きょうはこのお茶屋さんに、歌《うた》右《え》衛門《もん》が来てくれるようにお願いしてありますよ。

＊錦絵
明和期（1764〜72）に、鈴木春信《すずきはるのぶ》（1725?〜70）が創始したという多色摺りの浮世絵版画で、蜀江錦《しょっこうきん》のように色彩豊かできれいなところから、こう呼ばれる。

【役者柄と役者色】

◆人気役者が流行をつくる

「千両役者」という言葉を生み出した歌舞伎が、いかに江戸の人々を熱狂させたのか示すものに、ファッション・リーダーとしての役割がある。

たとえば、2代目瀬川菊之丞《せがわきくのじょう》は、初の江戸生まれの女形《おやま》（女方）として押しも押されもせぬスーパースターで、彼の俳名にちなんだ路考髷《ろこうびん》・路考櫛《ろこうぐし》・路考結《ろこうむすび》などが流行《はや》ったが、なかでも「路考茶《ろこうちゃ》」といわれた色は、のちのちまで人気を呼んだ。

また、役者が舞台でまとった衣装のデザインは、その役者の個性と受け止められ、人気のブランドとなり、多くの模様や柄が巷《ちまた》にあふれでた。最新流行のファッションとして、一般女性の着物や装飾品に反映されていった。

【役者にちなんだ柄】

◎三筋格子《みすじごうし》
団十郎格子《だんじゅうろう》・三升格子《みます》ともいう。7代目市川団十郎が定紋三升を崩して格子縞にした。

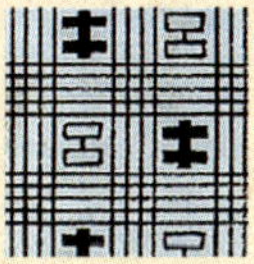

◎菊五郎縞《きくごろうじま》
3代目尾上《おのえ》菊五郎が用いて広まった柄で、「キ九五呂《くごろ》」を表わしている。菊五郎格子とも。

◎芝翫縞《しかんじま》
3代目中村歌右衛門《なかむらうたえもん》の俳名「芝翫」にちなみ、4本の縦縞と環をつないだもの。

◎市松《いちまつ》
2色の方形を互い違いに並べた柄で、初代佐野川《さのがわ》市松が舞台衣装に用いて流行した。

◎亀蔵小紋《かめぞうこもん》
渦巻《うずまき》文様のひとつで、市村《いちむら》亀蔵、のちの9代目市村羽左衛門《うざえもん》が着始めたもの。

◎半四郎鹿の子《はんしろうかのこ》
麻の葉文様の鹿の子絞りで、5代目岩井《いわい》半四郎が用いたところからこの名がある。

【役者と江戸にちなんだ色】

◎団十郎茶《だんじゅうろうちゃ》
市川団十郎家伝来の狂言『暫《しばらく》』の衣装の色。

◎芝翫茶《しかんちゃ》
3代目中村歌右衛門が好んで用いた。

◎路考茶《ろこうちゃ》
2代目瀬川菊之丞の舞台衣装から流行した。

◎璃寛茶《りかんちゃ》
2代目嵐吉三郎《あらしきちさぶろう》の俳名にちなむ色。

◎江戸紫《えどむらさき》
江戸を象徴する色で、京の赤みの紫に対し、青みの紫。

◎深川鼠《ふかがわねずみ》
「四八茶百鼠」のひとつで、緑がかった明るい灰色。

【お金と物価】

◆江戸時代のお金は三種類

江戸時代の貨幣制度は、金・銀・銭の三種類の貨幣が用いられたところから三貨制度と呼ばれる。

金貨は四進法で、一両＝四分＝一六朱《しゅ》であり、銀との換算比率は、元禄期（１６８８〜１７０４）公定で六〇匁《もんめ》となる。金と銭は公定で一両＝四〇〇〇文だが、相場によって変動し、高いときには七〇〇〇文以上にもなったが、六〇〇〇文程度の時代が長かった。

また、主として金と銭は江戸を中心とした東日本で、銀と銭は上方《かみがた》を中心にした西日本で使われた。

一両小判は、慶長《けいちょう》小判から最後の万《まん》延《えん》小判まで九回改鋳されているが、正《しょう》徳《とく》小判と享保《きょうほう》小判を除いては、いずれも金の含有量を減少させている。この改鋳で、幕府は差益を手にすることができた。

一方、金含有量の減少は、拡大する市場経済での通貨流通の需要にもこたえるかたちになった。この結果、金銀の地金《じがね》の価値よりも高い価値が貨幣に与えられ、実質的な信用通貨制が実現していたことになる。

幕末の一分銀は、地金の約三倍の価値を付与されていたが、米英の外交官はこの制度を理解できなかったため、ドル銀貨との交換レートが混乱する原因となった。

◆江戸時代のお金の価値

江戸時代は、幕末と飢饉のときを除けば、物価は比較的安定していた。米の年貢に収入を頼る幕府の米価安定策が、それなりに効果を発揮したためと考えられる。

一両が米一石に相当する時期は長くつづいたし、落語の「時そば」でおな

【文化・文政期（1804〜30）のおよその物価】

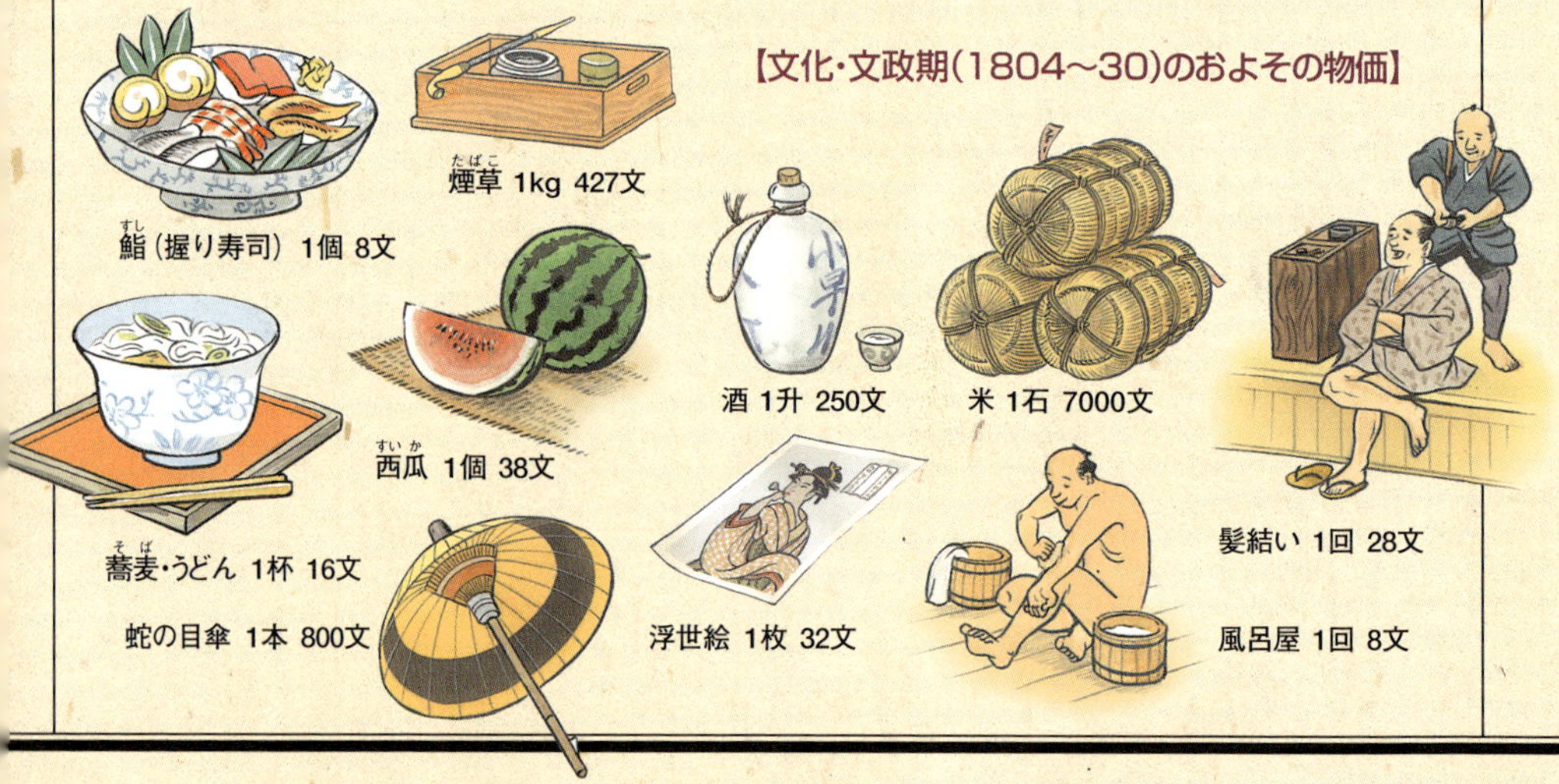

じみの二八の一六文のかけ蕎麦《そば》が、延《えん》享《きょう》元年（１７４４）から万延元年（１８６０）まで一〇〇年以上、同じ値段に保たれたのは象徴的である。

ところで、江戸時代のお金は現在の貨幣でどのくらいになるのだろうか。おおよその感覚として、金一両は一〇〜二〇万円ぐらいとよくいわれるが、確かな根拠はない。

江戸時代のお金の価値は、当時の物価や賃金などを現在のものと比較することで類推するほかはない。

江戸の庶民がよく食べた二八蕎麦は一杯一六文であった。現在のかけ蕎麦は一杯二〇〇〜四〇〇円程度であるから、一文は約一二〜二五円ということになろうか。

このほかにもさまざまな物の値段を知り、その時々の三貨の両替相場を把握することで、江戸時代の人々の金銭感覚を知ることができる。

【金・銀・銅銭　三貨の換算】

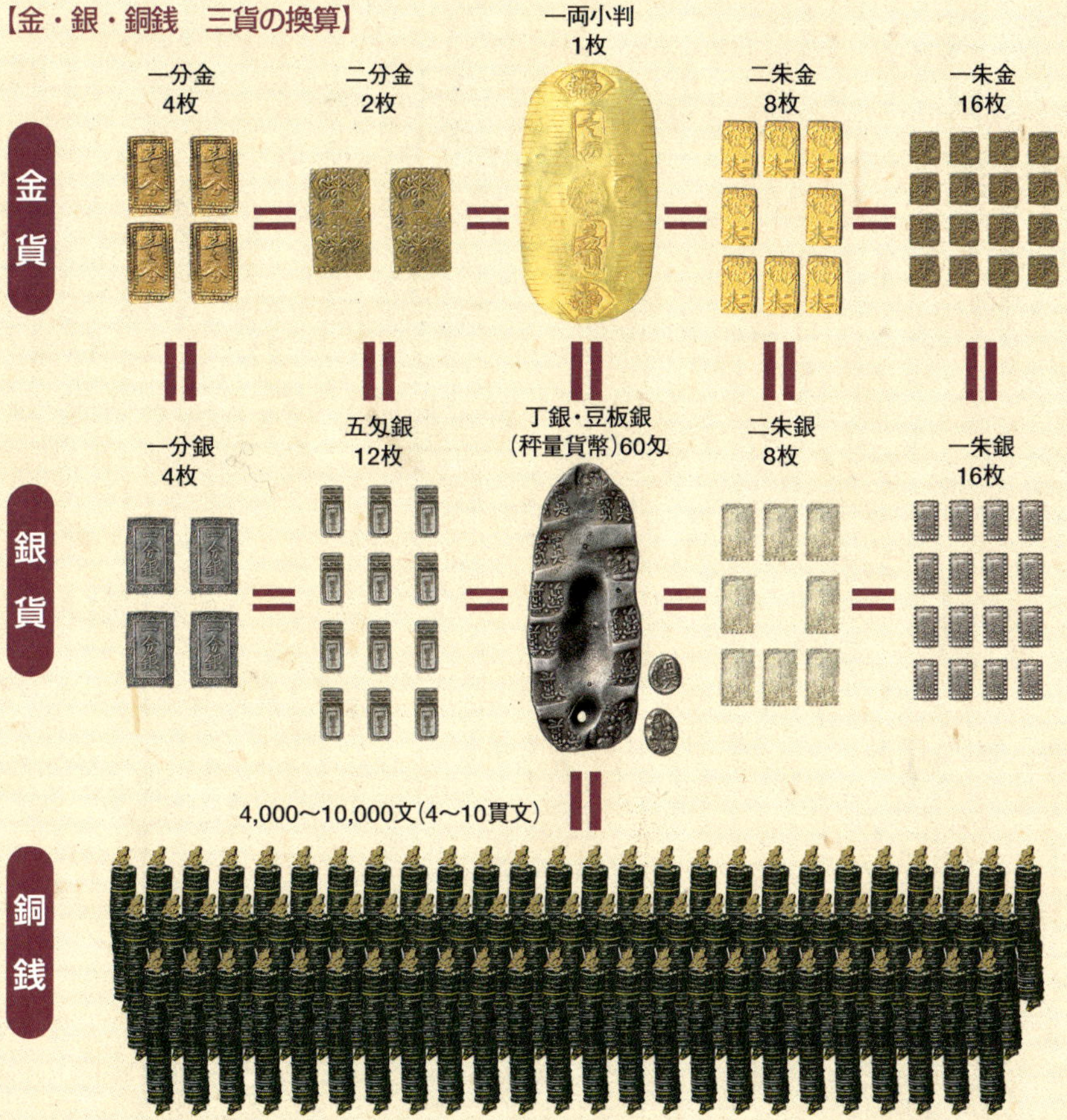

水神大橋
木母寺
隅田川神社
水神
墨堤通り
堤通
南千住駅
JR
三ノ輪駅
明治通り
三ノ輪
日本堤
竜泉
土手通り
吉野通り
千束
白鬚橋
白鬚神社
橋場
向島百花園
隅田川
東向島
入谷
今戸
新梅屋敷
待乳山聖天
長命寺
弘福寺
言問通り
浅草
桜橋
松が谷
三囲神社
国際通り
浅草寺
花川戸
言問橋
向島
西浅草
浅草駅
牛嶋神社
隅田公園
雷門
松屋
押上駅
業平橋駅
田原町駅
雷門
吾妻橋
吾妻橋
駒形堂
駒形橋
本所吾妻橋駅
水戸家下屋敷
寿
業平
東駒形
蔵前駅
横川
厩橋
蔵前
横網
本所
三ツ目通り
四ツ目通り
亀戸天神
太平
石原
蔵前橋
浅草御蔵
首尾の松
東京復興記念館
錦糸
柳橋
旧安田庭園
亀沢
JR
錦糸町駅
国技館
江戸東京博物館
柳橋
両国駅
京葉道路
両国橋
回向院
緑
吉良邸跡

其之四

隅田川にて

江戸の東側を流れる隅田川《すみだがわ》は大川《おおかわ》と呼ばれ、
両国《りょうごく》の花火や墨堤《ぼくてい》の花見で、江戸っ子にはおなじみ。
日本橋《にほんばし》近くで古着屋をいとなむ商人に連れられて、
両国広小路から柳橋《やなぎばし》へ。船宿で猪牙《ちょき》に乗り、
まずは隅田川を川上へと漕《こ》ぎだす。
下りは墨堤・向島《むこうじま》界隈の風流譚《たん》に耳を傾け、
ほろ酔い気分で川風に吹かれながらの舟遊び——

【柳原《やなぎはら》の床店《とこみせ》】神田川の筋違御門《すじかいごもん》から浅草御門までの南側の堤には柳が植えられ、柳原土手と呼ばれた。土手下の道には、古着や古道具を売る小屋掛けの店が並んでいた。猿猴庵《えんこうあん》（高力種信《こうりきたねのぶ》）『江戸循覧記《えどじゅんらんき》』東京、東洋文庫

＊長谷川町の商家で

これはこれは佐野屋さん、お久しぶりです。二年ぶりで江戸にいらっしゃるとお手紙をいただいて、楽しみにしておりました。

その後、ご商売はいかがな具合ですかな？　ほう、評判はいい。それは結構なことです。以前の仕入れ先と比べると物が違う？　口幅ったいようですが、そりゃそうでしょう。この大黒屋にお任せいただければ、＊富沢町《とみざわちょう》の市場で仕入れた上物の古着をきちんとお渡しするとお約束したはずです。

商人は信用が第一。私は品物に責任をもつ、佐野屋さんもきちんと送金してくださっている。私どもも末長いお取り引きを願いたいと思っておりますよ。

今回は、江戸の様子をご覧になりたいとお手紙にはありましたが？　そうですか。もう柳原《やなぎはら》の床《とこ》店《みせ》をご覧になってきた。それは熱心なことで。商いには流行《はや》り廃《すた》りが必ずあります。江戸で流行る

＊長谷川町　現在の中央区日本橋堀留町《ほりどめちょう》2丁目。古くは禰宜町《ねぎちょう》といい、明暦《めいれき》の大火（1657）後に市街地となった。長谷川久兵衛によって開かれたので、その名がある。

＊富沢町　現在の中央区日本橋富沢町。長谷川町の東隣に位置する。江戸時代の初めから古着市で知られる。古着とはいうものの、仕立て上がりの着物のことで、全国の有名な織物が集まった。現在も繊維関係の問屋が軒を連ねる。

【柳橋《やなぎばし》の料亭】描かれているのは柳橋の高級料亭「河内屋《かわちや》」で、隅田川を見下ろす2階の座敷では、文人たちによる書画会が催されている。歌川広重《うたがわひろしげ》『江戸高名会亭尽《えどこうめいかいていづくし》』両国柳橋《りょうごくやなぎばし》東京、サントリー美術館

ものは、少し遅れて在にも伝わりますからな。明日は日本橋《にほんばし》の通りでもご覧になれば、すぐにわかりますよ。

佐野屋さん、商いのお話はここまでにいたしましょう。せっかく江戸までいらしたんだから、少しくらいは楽しまないと。じつは、佐野屋さんがいらっしゃると聞いて、柳橋《やなぎばし》に一席設けてあります。＊船宿から漕ぎ出して、大川《おおかわ》（隅田川《すみだがわ》）で夕涼みとしゃれましょう。

佐野屋さんは商いひと筋でいらっしゃるが、たまには息抜きも必要です。私がしつらえた席だから、お大尽遊びというわけじゃありません。＊吉原《よしわら》に繰り込もうというのでもない。

江戸には江戸だからこそのにぎわいの場がいろいろあるんだが、それを少しお見せしたいと思いましてね。

なーに、たいした距離じゃありません。お互い足も達者なんだし、歩いていこうじゃありませんか。歩く道々も江戸の内です。

＊船宿→p131

＊吉原→p108

【両国広小路《りょうごくひろこうじ》】両国橋西詰の火除地《ひよけち》としてつくられた広小路は、江戸でも指折りの盛り場で、茶見世・食べ物屋・見世物小屋などが並び、いつも大勢の人でにぎわっていた。歌川豊国《うたがわとよくに》「江戸両国すゞみの図」国立国会図書館

両国広小路のにぎわい

いきなりにぎやかなところに出ましたでしょう。ここが両国広小路《りょうごくひろこうじ》です。突き当たりが神田川《かんだがわ》ですが、そこに架かるのが＊浅草御門《あさくさごもん》の橋（浅草橋）。両国橋ができるきっかけになったのが、この御門なんですよ。

江戸が開府されて最初の大火が明暦《めいれき》の大火（1657）ですが、そのときに神田や日本橋《にほんばし》から浅草方面に逃げようとした人たちが、ここに殺到しましてね。ところが御門が閉じられたものだから、押し合いへし合いの大変な騒ぎになって、大勢の人が亡くなったんだそうです。

そのころは大川に橋がなかったもんだから、大火のあとに架けられたのが、両国橋なんです。もっとも、できあがった当初は単に大橋と呼ばれてました。「両国」の名前がついたのは、元禄《げんろく》6年（1693）に下流に新大橋ができてからで、武蔵《むさし》国と下総《しもうさ》国をつなぐという意味でね。橋を渡った

＊浅草御門
浅草は、日本橋から奥州・日光《にっこう》・水戸《みと》へ向かう街道筋にあたるため、幕府は寛永13年（1636）、神田川に架かる浅草橋の南に見附門《みつけもん》を設けた。浅草御門は明治初期に廃止され、現在の浅草橋は昭和4年（1929）に架けられたもの。

ところにある＊回向院《えこういん》は、明暦の大火で亡くなったお方を供養するために建立されたお寺です。なんでも亡くなった方は一〇万を超えたといわれてますからな。

広小路というのは火事に備えた火除地《ひよけち》なんですが、こんなににぎわうようになったのは、有徳院《ゆうとくいん》（8代将軍吉宗《よしむね》）様のころの享保《きょうほう》4年（1719）に、町人に貸地することになってからで、地代は水防のために使われるそうです。芝居小屋や水茶屋、茶見世（店）でいつもすごい人出です。髪結《かみゆ》い床《どこ》や鮨《すし》、てんぷら、水菓子なんかの屋台もありますでしょう。

神田川沿いの同朋町《どうぼうちょう》には船宿がたくさんあります。その一軒に頼んでありますんで、参りましょうか。

大川に出てみればわかりますが、船にもいろいろな種類があります。きょう、私が頼んだのは屋根船といいまして、屋形船の小さめので、小人数の遊びにはちょうどいいようです。

＊回向院
現在の墨田区両国の地に、幕府が明暦の大火の犠牲者を埋葬して塚を築き、建立した寺。安政江戸地震（1855）の犠牲者や、鼠小僧次郎吉《ねずみこぞうじろきち》なども葬られている。境内では勧進相撲《かんじんずもう》や出開帳《でがいちょう》、富くじ（→p135）などが行なわれ、にぎわった。

【屋形船「高尾丸《たかおまる》」に接する猪牙《ちょき》】江戸後期、天保の改革前の両国橋を30分の1で復元した模型の一部。屋形船と猪牙の大きさがよくわかる。後ろに見えるのが両国橋で、長さは約170mだった。江戸東京博物館

屋形船はお座敷をそのまま浮かべたようなもんですから、宴会向きですな。その昔は大きな屋形船で、九間《ま》の座敷に台所が一間ついた熊市《くまいち》（九間一）丸とか、八間の座敷のは山市《やまいち》（八間一）丸というのがあったようです。小ぶりの＊猪牙《ちょき》は速いのが自慢で、吉原《よしわら》に繰り出すときには、これが一番。気が急《せ》く人は二丁艪《ろ》です。

では、船宿に入りましょう。

柳橋から大川へ

おかみ、きょうはよろしく頼みますよ。そうだなあ、船頭さんは年配のお人がいいですな。ゆっくりと大川《おおかわ》を楽しみたいものでね。支度はできている？　そうですか、それでは船着き場に参りましょう。では船頭さん、お願いしますよ。

柳橋《やなぎばし》をくぐれば大川ですよ。私どもは大川といってますが、ほんとうは隅田川《すみだがわ》、古くは浅草川《あさくさがわ》とか宮戸川《みやとがわ》とか呼ばれることもあったそうです。すぐ右手が＊両国橋《りょうごくばし》で、長さは九〇間《けん》あまり。そ

＊猪牙

長さ約8m弱、幅1・4mほどのひとり漕ぎの舟。江戸市民の足のような存在で、速いのが売りものだった。ただし、揺れもかなりなもので、つかまらずに乗りこなすのが通人とされた。これは、吉原や深川の遊所通いに慣れているということ。

＊両国橋・新大橋・永代橋

江戸時代に架けられた隅田川の橋は、上流から千住大橋（1594年、長さ66間）、吾妻橋（1774年、長さ84間）、両国橋（1661年、長さ96間）、新大橋（1693年、長さ108間）、永代橋（1698年、長さ110間）。

【新大橋《しんおおはし》】両国橋下流に架けられた大橋は、両国橋の旧名が大橋だったので、新大橋と呼ばれた。夕立にあわてて橋を渡る人々を描いたこの絵は、ゴッホに影響を与えた作品として知られる。歌川広重『名所江戸百《めいしょえどひゃっ》景《けい》　大《おお》はしあたけの夕立《ゆうだち》』江戸東京博物館

の向こうに*新大橋《しんおおはし》があって、さらに下流の*永代橋《えいたいばし》は一一〇間以上もあります。

さて、船が上流に向いたようです。まあ、一杯やりましょう。左手すぐが柳橋の花街《かがい》です。会席や即席料理といって、一人前、金一分くらいの掛かりが入り用な高級料亭もありましてね、万八《まんぱち》、亀清《かめせい》、梅川《うめがわ》、河内屋《かわちや》あたりが有名どころですかな。いわゆる文人墨客の書画会*なんかも、こういうお店を使うようです。

浅草御蔵と首尾の松

ほら、この先に見えてきたのが浅草御蔵《あさくさおくら》です。川に面して三四四間の幅がありまして、船入堀《ふないりぼり》が八本もつくられています。敷地が三万七〇〇〇坪*弱、御蔵も五〇棟ほどあるようです。

なにしろ、関八州はもちろん、奥州の幕領からも御用米が年々三〇万石から四〇万石は運び込まれて、お旗本《はたもと》や御家人《ごけにん》のお切米《きりまい》になるわけです。それを受け取る役目の商人が*札差《ふださし》です。この商

＊書画会
本来は、文人墨客が集まって歓談しながら即興で筆をとるものだったが、文化・文政（1804〜30）ごろからは、会に集まった客にその場で書画を揮毫《きごう》して即売するようになった。

＊三万七〇〇〇坪
東京ドーム約2・6個分。

＊札差
江戸時代、幕府が旗本・御家人に俸禄《ほうろく》として支給した切米（蔵米《くらまい》）の受け取りと、換金（販売）を代行した商人。札は切米の受取手形のことで、割竹に挟んで蔵役所の藁苞《わらづと》に差した。切米を担保にして金融を行ない、巨富を築いた。

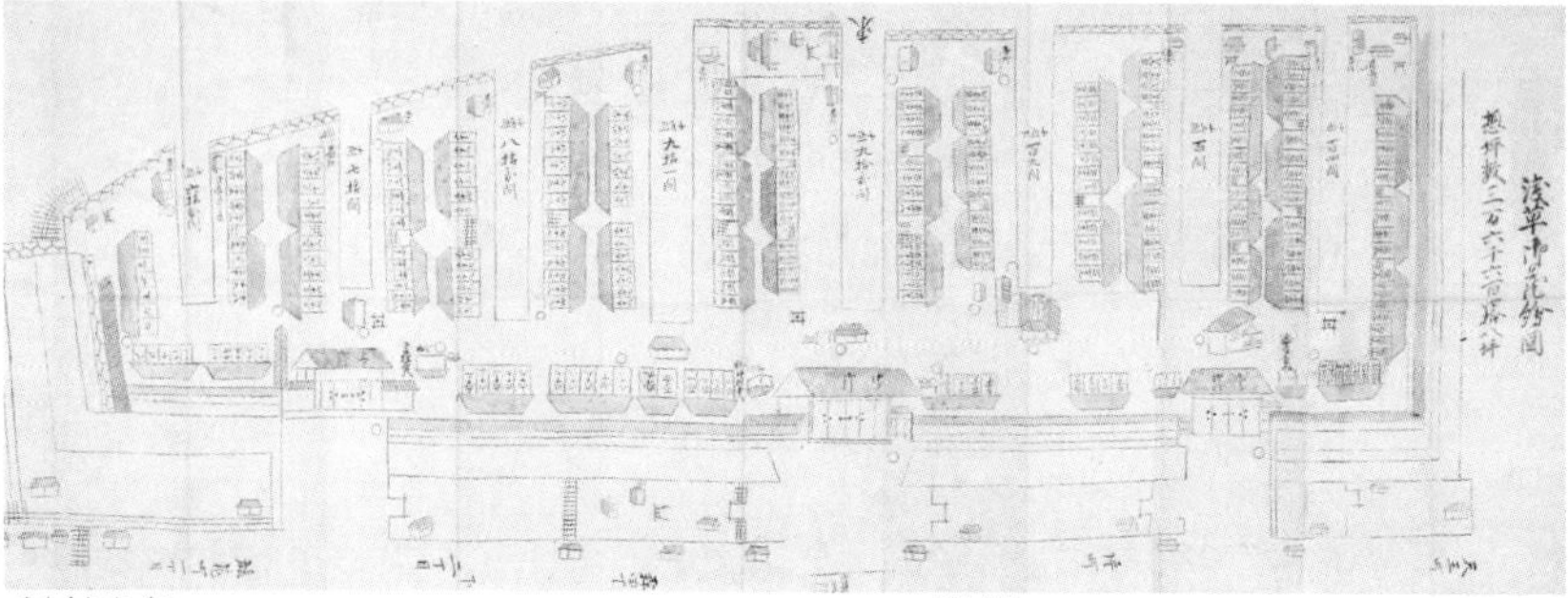

【浅草御蔵《あさくさおくら》】全国の幕府領から集められた年貢米は、本所《ほんじょ》と浅草の米蔵に運び込まれた。8本の船入堀に挟まれた櫛《くし》状の埠頭《ふとう》の上に、数十棟の倉庫が並んでいる。『浅草御蔵絵図《あさくさおくらえず》』江戸東京博物館

人の住むあたりが蔵前《くらまえ》ですな。蔵前風とか*十八《じゅうはち》大通《だいつう》という言葉をお聞きなったことがありましょう。明和《めいわ》から天明《てんめい》（1764〜89）にかけて、この札差たちの勢いはすごいものがありましてね。通人を気取って、歌舞伎役者を贔屓《ひいき》にしたり、吉《よし》原《わら》で派手に金子《きんす》をばらまいたり、なかには公儀の小判に自分の極印《ごくいん》を打った者までいたそうです。

もともとは、御家人方のお切米を受け取るときに、わずかな*口銭《こうせん》を得るだけの商売が、なんでそんなに大きな身代になったかというと、金貸しをやるようになったからです。佐野屋さんのお国のお侍衆もそうだと思いますが、お侍はみなさん、懐が厳しい。

ただ、年に三回のお切米は確実にいただけるわけで、それを担保に札差から金子を借りる。これが積もり積もって大変な額になってしまったわけです。*寛政《かんせい》のご改革のときに、*棄捐令《きえんれい》で貸し金を帳消しにしたのですが、そのときの額が一一八万両あまりというから驚くじゃありませんか。札差

*十八大通
明和〜天明期の江戸で、財力にものをいわせて豪快な浪費を尽くし、大通人を称して「蔵前風」という風俗を生んだ富裕な町人たち。十八は「歌舞伎十八番」など、めでたい数にちなむもので、一八人というわけではない。蔵前の札差がほとんどだが、魚問屋・干鰯《ほしか》問屋・髪結いなどもいた。

*口銭
「くちせん」ともいう。江戸時代に問屋が成立すると、仲介手数料や運送料・保管料などを、こう呼んだ。

*寛政の改革→p71

【首尾《しゅび》の松】浅草御蔵の四番堀と五番堀の間の埠頭の先端に、川面に枝をのばした松の木があって、いつのころからか、こう呼ばれるようになった。夕刻、人が帰ったあとの御蔵付近は、男女が忍び逢う場でもあった。歌川広重『名所江戸百景　浅草川首尾《あさくさがわしゅび》の松御厩河岸《まつおんまやがし》』江戸東京博物館

の株は九六ありましたから、一軒あたり一万二三〇〇両ほどになります。

そうそう、ちょうど浅草御蔵の船入堀の真ん中あたりにあるのが、首尾《しゅび》の松といわれる名所です。由来は二説ありまして、吉原に向かう遊客が、今夜の上首尾を願ったとも、帰りの客が夕べの首尾を語り合ったともいわれてますな。

浅草御蔵は御米蔵ともいいますが、向かい側にあるのが御竹蔵といいます。もとは御公儀の材木蔵だったんですが、今ではここも御米蔵として使われています。その周囲に広がるあたりが＊本所《ほんじょ》で、以前は江戸の内とは思われてなかったんだが、深川《ふかがわ》と並んでどんどん栄えるようになって、橋だけでは人の行き来が間に合わないようになりましてね。吾妻橋《あずまばし》までに渡し場がふたつもあります。

吾妻橋から橋場まで

さあ、今度は吾妻橋（大川橋）です。橋の西詰《にしづめ》を少し行ったところが浅草寺《せんそうじ》で、こちらもたいそ

＊棄捐令
窮乏した旗本・御家人の救済策として、寛政元年（１７８９）に幕府が発令したもので、天明４年（１７８４）以前の札差からの借金の返済が免除された。免除額は１１８万両あまりに及んだという。

＊本所
現在の墨田区の南部一帯の総称。明暦の大火（１６５７）後に、隣接する深川地域とともに開発された。縦横に堀割が流れる碁盤《ごばん》の目状の町割りで、隅田川と直結した舟運で栄えた。

【吾妻橋《あずまばし》（大川橋）】安永3年（1774）、江戸時代としては最後に隅田川に架けられた橋。吾嬬橋《あずまばし》とも書いた。現在の橋は昭和6年（1931）の完成。葛飾北斎《かつしかほくさい》『隅田川《すみだがわ》両岸一覧《りょうがんいちらん》』江戸東京博物館

うなにぎわいです。もし、暇がおありだったら、ぜひ行かれるといい。江戸の土産も手に入るし、土産話にも事欠きませんよ。

浅草《あさくさ》という地名で思い出すのが、*浅草海苔《のり》です。名前は浅草ですが、今は羽田《はねだ》や品川《しながわ》の浜近くでつくってるんですよ。まあ、元禄《げんろく》の昔まではこのあたりで育った海苔を浅草海苔といっていたようです。かの*芭蕉《ばしょう》の弟子の*其角《きかく》という人に、「行水《ゆくみず》やなに、と、まる海苔の味」なんて俳句もありますから。

もっとも、*浅草紙という漉《す》き直しのちり紙がありまして、海苔の形もそれが始まりだというお方もあります。

吾妻橋をくぐったあたりが花川戸《はなかわど》で、2代目*団《だん》十郎《じゅうろう》で有名になった花川戸の助六《すけろく》は、ここの住人ということになってますが、それはお芝居のうえだけのことです。

花川戸の先に見える小高い丘が、*待乳山《まっちやま》の聖天《しょうてん》様です。「聖天は娘の拝む神でなし」などという川《せん》

＊浅草海苔→p152

＊芭蕉→p26

＊其角
1661〜1707。江戸前期の俳人で、姓は榎本《えのもと》、のちに宝井《たからい》を名のった。若いころから芭蕉に師事し、蕉門十哲のひとりに数えられる。後年は洒落《しゃれ》風の俳諧《はいかい》を得意とした。

＊浅草紙→p124

＊団十郎
姓は市川、屋号は成田屋。現在まで12代つづく江戸歌舞伎を代表する名跡。2代目（1688〜1758）は荒事に和事を加えた芸風を打ち立て、成田屋の基礎を築いた。

【助六《すけろく》】歌舞伎十八番のひとつで、吉原の花魁《おいらん》「揚巻《あげまき》」といい仲の侠客《きょうかく》「花川戸《はなかわど》の助六」が、金と権力を笠にきた「髭《ひげ》の意休《いきゅう》」を、悪態をついてやっつける痛快な芝居。助六は男伊達の代表とされる。図中央は７代目団十郎の助六。歌川豊国《うたがわとよくに》『助六所縁江戸桜《すけろくゆかりのえどざくら》』江戸東京博物館

柳《りゅう》がありますが、なかなかに色っぽい仏様でして、夫婦和合のご利益がございますとか。

佐野屋さん、お酒は進んでますか。どんどんやってくださいよ。

ほら、その先に堀があります。山谷堀《さんやぼり》といいまして、吉原《よしわら》に行く船はここから入っていきます。いずれご一緒するとして、きょうは清遊といたしましょう。

山谷堀を過ぎると今戸《いまど》です。ここは焼物の町なんだが、焼物といってももっぱら素焼きで、瓦《かわら》や七輪《しちりん》、焙烙《ほうろく》といった雑器が焼かれてます。そうそう、今戸の名物には今戸人形というのもありますよ。型抜きした素焼きを二枚合わせて、絵具で色付けしたものなんだが、江戸土産にいいかもしれませんな。

今戸の先が橋場《はしば》です。少し大きめの船が寄せられてますでしょう。今戸焼もそうだが、ここは江戸に出入りする物資の集積地でもあります。千住《せんじゅ》の宿や川越《かわごえ》あたりまで船が行き来して、荷物を運

＊待乳山の聖天様
台東区浅草にある浅草寺の子院、待乳山本龍院《ほんりゅういん》のこと。本尊は歓喜天《かんぎてん》で、夫婦和合のご利益があるとして信仰されている。待乳山は真土山とも書き、小高くなっているので、隅田川を見渡せる名所とされていた。

【今戸《いまど》と橋場《はしば》の渡し】瓦や雑器、人形などの焼物で知られる今戸町では、それらを焼く竈の煙が立ち上っていた。2艘《そう》の舟が描かれたあたりが今戸の上流の橋場で、江戸でもっとも古い渡し場。画中には隅田川名物の都鳥《みやこどり》も描かれている。歌川広重『名所江戸百景　墨田《すみだ》河橋場《がわはしば》の渡《わたし》かわら竈《かまど》』江戸東京博物館

んでるんです。

　江戸の雰囲気があるのは、このあたりまでですな。船頭さん、木母寺《もくぼじ》が見えるあたりまで行ったら、下りましょう。下りは、反対側の岸近くを行ってもらいましょうかね。

　佐野屋さん、墨堤《ぼくてい》と名高いのはあっち側なんでね、私の蘊蓄《うんちく》はまだまだつづきますから、覚悟しておいてくださいよ。

墨堤の桜と桜餅

　さてさて、佐野屋さん、あの水面に浮かんで漂っているのが、かの都鳥《みやこどり》ですよ。

＊『伊勢物語《いせものがたり》』という本をご存じですか。その本に「名にし負はばいざ言問《ことと》はん都鳥　わが思う人はありやなしやと」という歌があります。在原業平《ありわらのなりひら》という高貴なお方が、このあたりで詠んだとされています。

　この歌に加えて、＊謡曲《ようきょく》の『隅田川《すみだがわ》』で知られる梅若《うめわか》の伝説も、このあたりのこととされてます。

＊『伊勢物語』平安中期の和歌を主体にした物語。在原業平（825〜880）と思われる人物を主人公に、恋愛をテーマにした多くの短編からなっている。

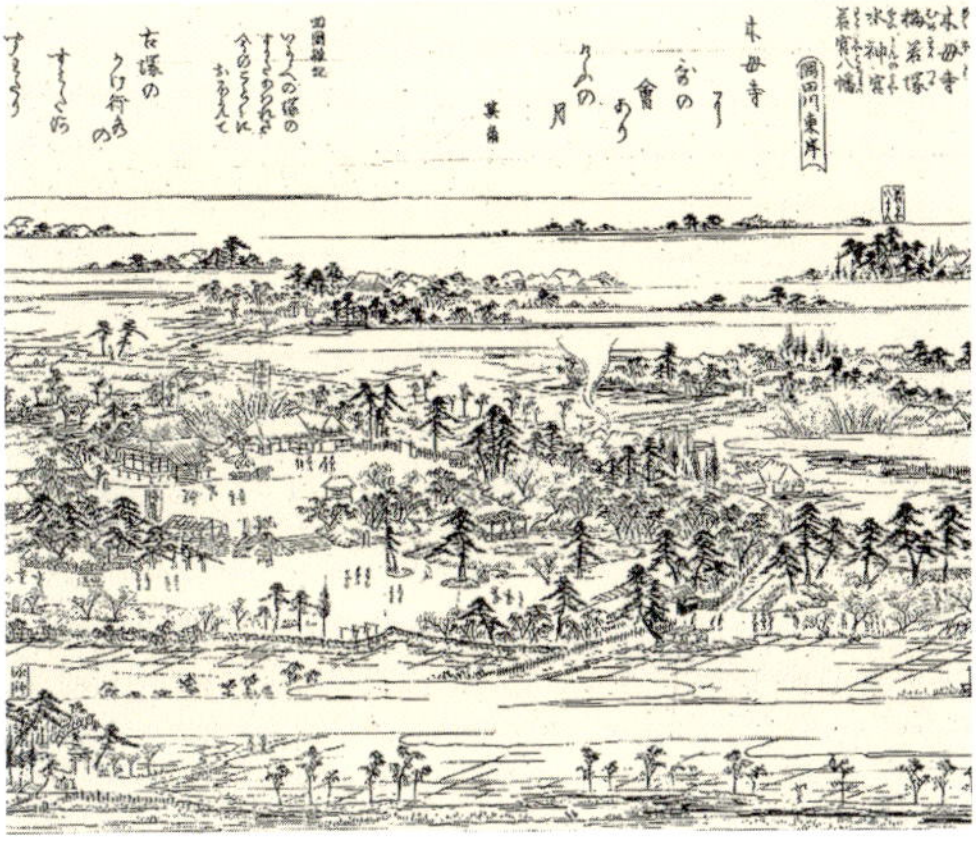

【木母寺《もくぼじ》】非業の最期を遂げた梅若丸《うめわかまる》ゆかりの寺で、古くは梅若寺といった。江戸時代の初めに梅の字にちなんで、木母寺と改めた。境内には、明治中期に建てられた梅若堂が、戦災をまぬかれて保存されている。『江戸名所図会《えどめいしょずえ》』国立国会図書館

たった12歳で死んでいくときの歌が、「たずね来てとはばこたえよみやこどり　すみだ河原の露と消へぬと」というから、すごいもんですな。やはり、比叡山《ひえいざん》の学僧のなかでも秀才といわれただけのことはある。その梅若に縁のあるのが木母寺《もくぼじ》です。

　ほら、こっちの堤には桜の木が並んでいるでしょう。花見の季節はとんでもない人出になります。この墨堤《ぼくてい》に桜を植えたのは、享保《きょうほう》2年（1717）のことで、有徳院《ゆうとくいん》（吉宗《よしむね》）様の命によるものだと伝わっています。当初は一〇〇本だったのを、植え増ししたようです。

　芭蕉《ばしょう》に「観音のいらかみやりつ花の雲」というのがありますが、ちょうど浅草寺《せんそうじ》を向こうに眺めながらの一句でしょうな。

　桜といえば、これでひと儲けしたのが長命寺《ちょうめいじ》門前の桜餅屋でしょう。世の中には物好きな人がいて、この桜餅屋がどのくらい儲けるのか、調べた話がものの本にありましてね。

　それによりますと、桜の葉の漬け込んだのを一

＊謡曲『隅田川』
都の公家の子息梅若丸は、人買いにさらわれて東国へ連れてこられ、隅田川畔で病のために亡くなったという。世阿弥《ぜあみ》の長男観世十郎《かんぜじゅうろう》作の謡曲『隅田川』では、わが子を探し求めてきた母親が、隅田川のほとりで梅若の霊と巡り会う筋立てとなっている。

【墨堤《ぼくてい》の桜】隅田川は、上野・飛鳥山《あすかやま》と並んで江戸を代表する花見の名所。川の堤に桜の木が連なり、多くの花見客でにぎわうのは、今も変わらない。歌川広重『江都名所《えどめいしょ》隅田川はな盛《ざかり》』東京、太田記念美術館

年に七七万五〇〇〇枚仕入れるんだそうです。この桜餅は二枚の葉で包みますから、三八万七五〇〇の餅ができる。それが全部売れると、一個四文として一五五〇貫文。一両六貫八〇〇文で計算すると二二八両にもなる。

まあ、よそ様の懐を案じても仕方ないんだが、商いというのはこつこつやっていると、すごい利益を生むんですねえ。私たちも見習わなくちゃいけませんな。

風流な向島界隈

ところで、長命寺《ちょうめいじ》の由来をお話しするのを忘れていました。こちらは、大猷院《だいゆういん》（3代将軍家光《いえみつ》）様が鷹《たか》狩りの折に腹痛を起こされて、そのときにこのお寺の井戸水を飲んだらおさまったところから、井戸の水を長命水と名付けられた。それが、あとで寺名になったらしい。

この一帯は向島《むこうじま》といいますが、由緒のあるお寺や風雅な土地柄が気に入られて、大商人のしゃれ

桜餅の老舗、「長命寺桜もち山本や」

「長命寺桜もち」は、現在では塩漬けの桜の葉を3枚使って包んでいる。

【隅田川の花見】満開の桜の下をそぞろ歩く、華やかな女性たちの一団。歌川国芳《うたがわくによし》『隅田《すみだ》川花見《がわはなみ》』江戸東京博物館

た寮（別宅）などもあります。結構な庭があって、離れ座敷をしつらえた料理屋などもあります。

そうそう、最近は伊勢屋《いせや》さんの寮だった亀戸《かめいど》の梅屋敷に張り合うように、*新梅屋敷なるものが話題になってます。仙台《せんだい》のお人がつくった庭で、故郷をしのんでか、萩《はぎ》の花が咲くころには、文人たちが集まって風雅な遊びをするようですな。

そのせいか、近ごろでは向島の七福神めぐりなんてのも流行《はや》りのようですよ。江戸の者はこういう遊びが好きでしてね。*六地蔵とか*六阿弥陀《ろくあみだ》めぐりなんてのもあるしね。

今度は牛の御前《ごぜん》（*牛嶋《うしじま》神社）が見えてきました。ここの来歴は古い浄瑠璃《じょうるり》にあります。大江山《おおえやま》の酒呑童子《しゅてんどうじ》を退治したことで有名な*源頼光《みなもとのよりみつ》は、ご存じでしょう。その弟が牛の御前です。母親の腹に三年三か月もいて生まれてきたんだが、生まれたときから牙が生えていたとかで、すさまじい形相の人だったそうです。

乱暴者で、父親に疎まれて東国に下ったんだが、

＊新梅屋敷
佐原鞠塢《さはらきくう》が文人たちの協力でつくった庭園は、亀戸の梅屋敷に対して新梅屋敷と呼ばれた。通称は花屋敷。現在は向島百花園《むこうじまひゃっかえん》として、公開されている。

＊六地蔵・六阿弥陀
享保（1716〜36）ごろに始まった江戸周縁部をまわる六地蔵めぐりは、1番品川区品川寺《ほんせんじ》、2番新宿区太宗寺《たいそうじ》、3番豊島区真性寺《しんしょうじ》、4番台東区東禅寺《とうぜんじ》、5番江東区霊巌寺《れいがんじ》、6番江東区永代寺《えいたいじ》で、6番以外は現存する。江戸東北部をまわる六阿弥陀めぐりは、1番豊島区西福寺《さいふくじ》、2番足立区恵明寺《えみょうじ》、3番北区無量寺《むりょうじ》、4番北区与楽寺《よらくじ》、5番台東区常楽寺《じょうらくじ》（多摩市へ移転）、6番江東区常光寺《じょうこうじ》。

【三囲神社《みめぐりじんじゃ》】三囲の名は、土中から現われた神像のまわりを、白狐が3周して去ったという言い伝えによる。隅田川七福神めぐりの起点で、恵比寿《えびす》と大黒天《だいこくてん》が祀《まつ》られている。歌川広重『東都名所《とうとめいしょ》　三囲堤真乳山遠望《みめぐりつつみまっちやまえんぼう》』神奈川県立歴史博物館

頼光の四天王《してんのう》に追われて隅田川《すみだがわ》に飛び込み、水をあふれさせたというのです。その祟《たた》りで長雨が降るというので、それを慰めようとしたのがこの社というわけですな。

おもしろいのは、そのすぐ近くに三囲稲荷社《みめぐりいなりしゃ》（三囲神社）があるんだが、こちらは雨乞いに縁があってね。

元禄《げんろく》6年（1693）に江戸は大日照りになって、このあたりのお百姓も大弱り。で、この稲荷社で雨乞いをしたわけです。ところが、なかなか雨が降らない。

そこへ通りかかったのが、さっきも話に出た其《き》角《かく》で、「夕立や田をみめぐりの神ならば」とさらりと一句詠んだわけです。これが効いたのか、翌日には雨が降ったというのですよ。

其角先生にそんな力があったのかどうか。ともかく先生はしゃれが大好きなお方で、このときも吉原《よしわら》に遊びに行く途中だったというのだから、どこまで本気だったのかわかりはしませんが。

＊牛嶋神社
現在は墨田区向島の隅田公園（水戸徳川家下屋敷跡）に隣接しているが、これは関東大震災（1923）後の墨堤拡張工事によって移されたため。江戸時代には長命寺の南側にあって、「牛の御前」と呼ばれていた。現在の祭神は須佐《すさ》之男命《のおのみこと》ほか。

＊源頼光
948～1021。平安中期の武将。武勇にたけていたことから、大江山（京都府福知山市）の酒呑童子を退治した伝説でも知られている。

【永代橋《えいたいばし》】元禄11年（1698）の創建だが、文化4年（1807）8月、深川富岡八幡宮《ふかがわとみおかはちまんぐう》の祭礼のときに、見物人が橋に殺到したために落下。この絵は翌年再興されたあとの様子。歌川広重『江戸名所之内《えどめいしょのうち》　永代《えいたい》橋佃沖漁舟《ばしつくだおきりょうぶね》』東京国立博物館

さて、今度は水戸《みと》様の下屋敷です。なにしろ天下の御三家*ですから、広大なものですな。

江戸の暮らしを映す大川

どうですか、佐野屋さん、私ども江戸の者が大川とどれほど親しんで暮らしているか、おわかりいただけましたかな。

もっと下流の永代橋《えいたいばし》のあたりまで行きますと、上方《かみがた》からの下り物を運んできた廻船《かいせん》*から荷を積み替えた荷足舟《にたりぶね》の行き来も見られます。きょう飲んだお酒も、そんな船で運ばれてきて、私たちの喉《のど》を潤してくれたわけですな。佃島《つくだじま》近くの白魚漁の白帆も、風情があってなかなかです。

まあ、なんといっても、この大川がにぎわうのは両国《りょうごく》の花火が上がるときでしてね、そんな夜はきょうのようにすいすいと進むわけにはいきませんよ。

川面が船でいっぱいになって、お酒や食べ物を売るウロ（売ろ）船まで出ます。川のなかに茶見

＊御三家　徳川将軍家の一族から、将軍家の血筋を維持するために別格に定められた三家。家康の第9子義直《よしなお》を祖とする尾張《おわり》家、第10子頼宣《よりのぶ》の紀伊《きい》家、第11子頼房《よりふさ》の水戸《みと》家で、将軍の継嗣を出すことができた。

＊廻船　沿海航路で物資を輸送する荷船のこと。海運が発達した江戸時代には、菱垣《ひがき》廻船、樽《たる》廻船、北国《ほっこく》廻船などが登場した。

【花火見物でにぎわう両国橋】花火を見るために集まった人で、両国橋が埋めつくされている。川面には大小さまざまな船が、思い思いに陣取り、人出のすごさに驚かされる。橋本貞秀《はしもとさだひで》『東都両国《とうとりょうごく》ばし夏景色《なつげしき》』江戸東京博物館

世があるようなものですよ。両岸も、まるで江戸中の人たちが集まったんじゃないかと思うほどの人出でね。今度、江戸にいらっしゃるときは、その時節になさってはいかがですか。

　きょうはいろいろおしゃべりをいたしましたが、私ども商人は商売第一です。これからも、この大黒屋、さすが江戸古着と呼ばれるような上物をお届けします。

　佐野屋さんも、お国で励んでいただいて、またこうしてお会いできるといいですな。

　なるほど、お国のいで湯につかるなども結構ですな。私も江戸から出たことのないもので、しばしの湯治などできたら、さぞや女房孝行にもなりますなあ。

【朝顔売り】3代目坂東三《ばんどうみ》津五郎《つごろう》演じる朝顔売りの絵。たばこと塩の博物館

【金魚に餌を与える子ども】『あつまけんし　みたて五節句《ごせっく》　さつき』（部分）国立国会図書館

【鼠《ねずみ》よけの猫】猫を描くことに優れた歌川《うたがわ》国芳《くによし》の絵。

【ペットと園芸】

◆趣味人だった江戸っ子

人々の生活に潤いを与えるのが、ペットや園芸の趣味である。もちろん江戸時代にもペットをかわいがり、園芸植物を愛《め》でる生活があった。

もっともポピュラーなペットは、やはり犬と猫である。「江戸名物、伊勢屋《いせや》、稲荷《いなり》に犬の糞」といわれるように、江戸の町に犬はよく見かけられたが、個人で飼育される犬はそれほど多くなく、地域で食べ物の残りを与えているものが多かった。

これには、5代将軍綱吉《つなよし》による貞《じょう》享《きょう》4年（1687）の「生類憐《しょうるいあわれ》みの令」が影響したものと思われる。

個人宅で飼育されるペットは猫が圧倒的に多く、これにはネズミ除けの効用もあった。

狆《ちん》も人気のあるペットだったし、ハツカネズミも現代のハムスターのように飼育された。

小鳥は鶯《うぐいす》・駒鳥《こまどり》・鶉《うずら》などに人気があった。鳴き声を競い合う「鳥合わせ」が行なわれたり、飼育法に関する本も出版されている。

金魚もポピュラーな愛玩《あいがん》動物であり、多くの錦絵《にしきえ》に描かれている。金魚売りは夏の風物でもあった。

園芸は、時代によりブームになる植物に変遷がある。椿《つばき》・躑躅《つつじ》・菊・橘《たちばな》・万年青《おもと》などが人気を博し、新種や珍種が競い合うように栽培され、高額で取り引きされることも少なくなかった。

庶民が楽しんだ朝顔も珍種がもてはやされ、多くの図譜が出版されている。ソメイヨシノを生み出した染井（豊島区駒込）を中心に、植木職人の集落が近郊にできるなど、江戸は植物栽培が一種の産業になるほどの都市だった。

【明暦の大火】大名火消による消火活動の様子。
『江戸火事図巻《えどかじずかん》』（紀州徳川家伝来）　江戸東京博物館

【火事と地震】

◆火事対策は「火消」の整備

「火事と喧嘩《けんか》は江戸の華」とはよく聞く言葉だが、喧嘩はともかく火事に関しては、約一〇〇万人が暮らす大都市にとって、その機能を麻痺させ、多くの人命を奪いかねない重大事だった。

そのため「火消《ひけし》」の制度をさまざまに工夫したが、それでも大火を防ぐことはできず、何度かの壊滅的打撃を受けている。

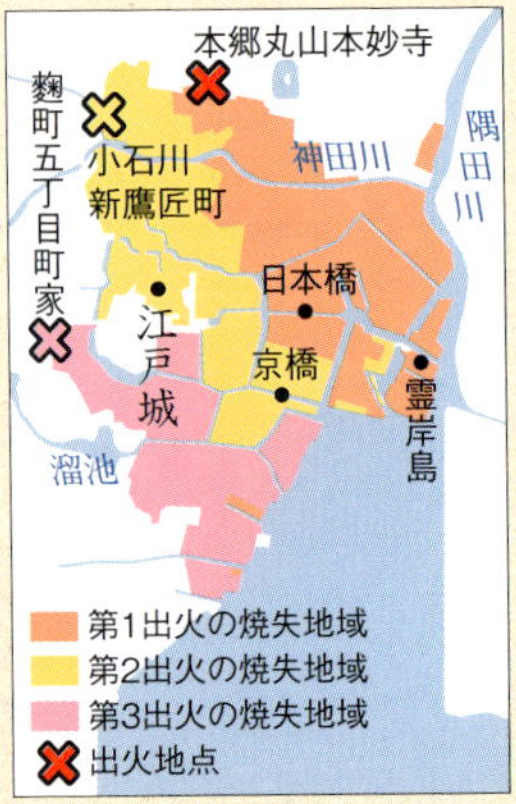

【明暦の大火で焼失した場所】

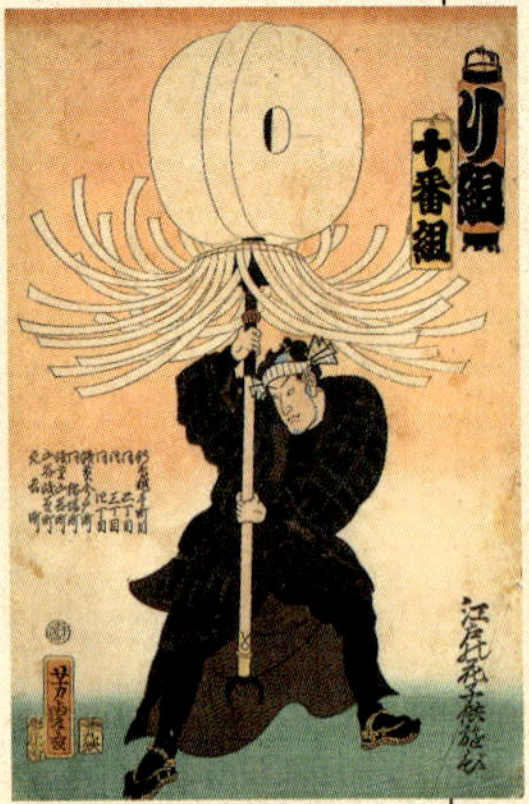

【纏《まとい》を振る町火消】「江戸の華」とうたわれた。歌川芳虎《うたがわよしとら》『江戸の花子供遊び　十番組　り組』江戸東京博物館

最初に江戸の町を襲った大火は、明《めい》暦《れき》3年（1657）のいわゆる「振袖《ふりそで》火事」である。江戸城の北と西から、二日間で三度出火し、江戸の町の約六〇%が焼失した。江戸城の本丸・二の丸・三の丸と天守も焼失し、天守はその後、再建されることはなかった。さらに大名屋敷一六〇、旗本《はたもと》屋敷七七〇余、寺社は三五〇余も失われた。死者は一〇万人以上に及んだとされている。

この大火の以前から幕府は、六万石以下の大名一六家を四組に編成した「大名火消《だいみょうひけし》」に消火活動を行なわせて

【目黒行人坂の大火】江戸三大大火のひとつ。『目黒行人坂火事絵《めぐろぎょうにんざかかじえ》』国立国会図書館

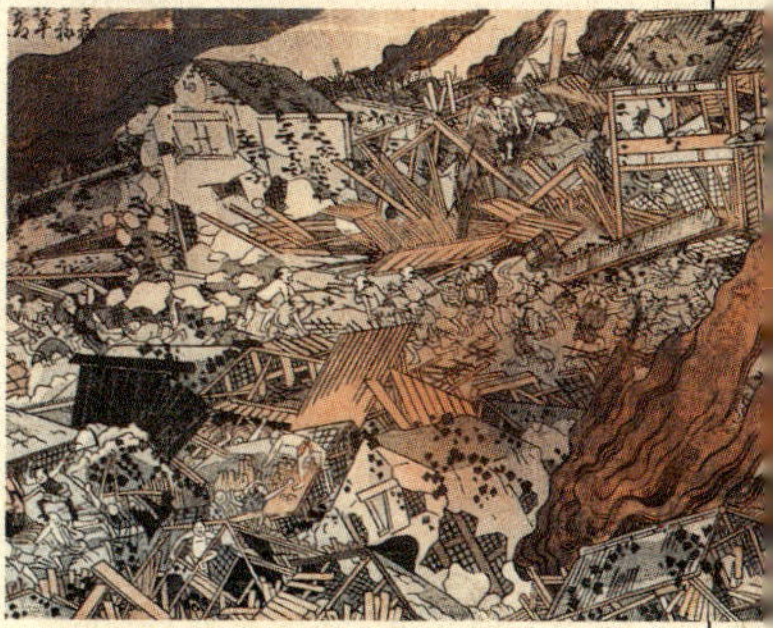

【安政江戸大地震】安政の大地震を報じる瓦版《かわらばん》より。江戸東京博物館

いたが、この大火の反省に基づき、翌年には「定火消《じょうびけし》」を設置した。これは旗本四名にそれぞれ火消屋敷を与え、与力《よりき》・同心《どうしん》を付属させ、火消人足を常駐させるものだった。

町方に自衛的な消防組織ができたのは、享保《きょうほう》3年（1718）のことである。同5年には「町火消《まちひけし》」として、「へ、ら、ひ」を除く「いろは」文字と「百、千、万」の四七組（のちに「本」が加わり四八組）に加え、本所《ほんじょ》・深川《ふかがわ》に一六組を配置した。

町火消は、町奉行支配下の火消人足《ひけしにんそく》改《あらため》の与力・同心の指揮下にあったが、費用は町方の負担が基本だった。

◆繰り返される大火と大地震

こうして消火にあたる人数は増えたものの、技術的には稚拙で、風下にある家を壊して延焼を防ぐなどの破壊消防が主体であった。

そのせいもあって、大火は繰り返され、明和《めいわ》9年（1772）の目黒行人《めぐろぎょうにん》坂《ざか》の大火では、大円寺《だいえんじ》から出火し、春先の南西の強風で火は江戸市中に及び、日本橋《にほんばし》を越えて本郷《ほんごう》方面にまで達した。死者は一万四七〇〇人とされる。

さらに文化《ぶんか》3年（1806）の丙寅《へいいん》の大火は、芝《しば》方面で出火し、浅草《あさくさ》にまで燃え広がった。それでも死者が一二〇〇人に抑えられたのは、消防体制の強化がもたらしたものと思われる。

江戸時代に人々を苦しめたもうひとつの災害が地震である。大規模なものは、全国で四〇弱が記録されている。

なかでも、江戸を襲った安政《あんせい》2年（1855）の大地震は、関東大震災（1923）のM7の規模と比べると小さかったが、直下型で家屋の倒壊による被害が大きく、多数の死者を出した。

嘉永《かえい》～安政期は江戸に限らず、陸奥《むつ》沖《おき》、仙台《せんだい》、東海、南海など、広範囲に大地震が日本を襲っている。

吉原大門
交差点
新吉原
土手通り
千束
千束通り
山谷堀公園
浅草
馬道通り
待乳山聖天
言問通り
奥山
花やしき
遊園地
卍浅草寺
浅草神社
六区映画街
五重塔
花川戸公園
言問橋
木馬館
二天門
宝蔵門
浅草公園
隅田公園
花川戸
隅田川
伝法院
卍
浅草演芸
ホール
仲見世通り
オレンジ通り
浅草
公会堂
浅草駅
新仲見世
浅草
雷門
水上バス
乗船場
雷門
吾妻橋

其之五

浅草寺にて

数ある江戸の寺のなかでも、とびきり古い由緒《ゆいしょ》を誇るのが隅田《すみだ》川《がわ》西岸の浅草寺《せんそうじ》。ご本尊は秘仏ながら人気が高く、参拝の人波が絶えないのは、今も変わりがない。

雷門《かみなりもん》前の茶店の主《あるじ》は、世話好きで話し好き。仲見世《なかみせ》から本堂へ詣《もう》でるあいだ、浅草寺の由来をひとくさり。奥山《おくやま》で見世物を見物したら、憧れの「花の吉原《よしわら》」へも足をのばしてみたいが――

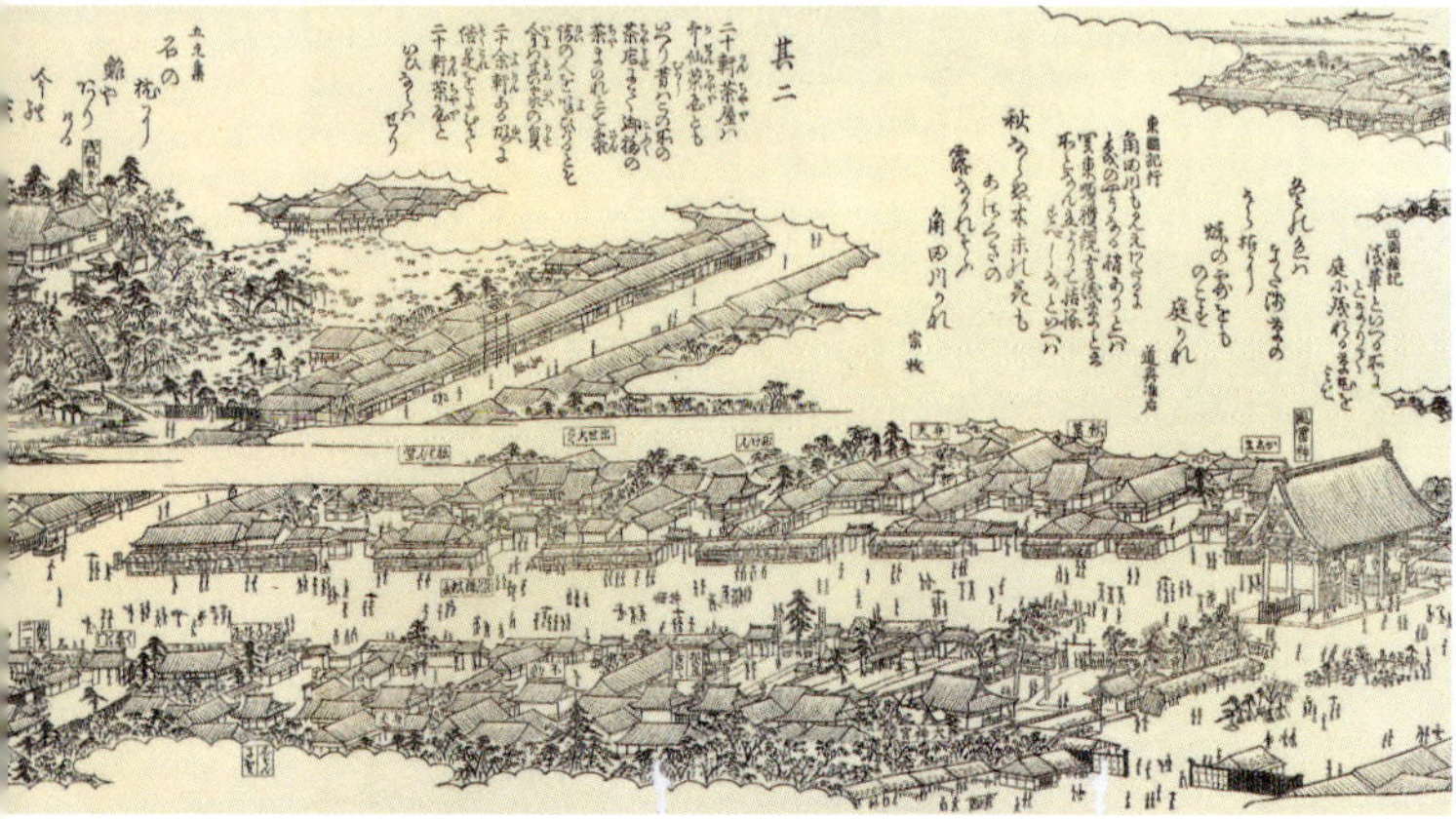

【浅草寺《せんそうじ》】雷門の西南から隅田川方向を俯瞰《ふかん》した図。右端の雷門から左へ仲見世がのび、その先に浅草寺の五重塔や諸堂が詳細に描き込まれている。『江戸名所図会《えどめいしょずえ》　金龍山《きんりゅうざん》浅草寺《せんそうじ》』江戸東京博物館

雷門前の茶店で

おや、お客さん、この間もお見えになってましたね。またご参詣《さんけい》ですか。ただいますぐにお茶をもってこさせましょう。おーい、お客さまにお茶と煙草盆《たばこぼん》だよ。

信心深いのは結構なことですが、江戸の方には見えないし、ご隠居というお年にも見えません。こういっちゃ失礼だが、働き盛りの方が昼間から浅草寺《せんそうじ》に詣《もう》でるのも、ちょっとうなずけない話ですな。

そうですか、訴訟事ですか。それで信州からおいでになったわけですな。立ち入った話を伺うのは遠慮しますが、あなた様のことで？　そうじゃない。＊差添人《さしぞいにん》ですか。じゃ村役人をなさってるわけですな。そうですか、組頭《くみがしら》ですか。

訴訟事での在府では長くなりますな。もう一か月以上になる。難儀なことですなあ。するとお泊まりは馬喰町《ばくろちょう》の旅籠《はたご》（＊公事宿《くじやど》）ですな。それで

＊差添人
奉行所に呼び出されたものに付き添った人のことで、庶民の場合、町役人・村役人がこれを務め、本人の補佐や弁護にもあたった。

＊公事宿
訴訟や裁判のために、地方から江戸へ来たものを宿泊させた宿。江戸宿と総称され、一般客も泊まれる旅人宿と、そうでない百姓宿があった。公事宿はただの宿屋ではなく、訴訟手続きの代行や弁護人的な役割も果たした。宿賃は割安だったが、サービスはいまひとつで、居心地はよくなかったといわれる。

＊差紙
訴訟関係者を奉行所へ呼び出す召喚状のことで、召喚に応じないものは処罰された。地方在住者の場合、差紙は江戸

お*差紙《さしがみ》は何度？　まだ二回ですか。それでもあと一、二回で*内済《ないさい》にできそうですか。それはよかった。で、ゆっくり寺社詣でもできるわけですな。

ほかにはどんなところへ？　*目黒不動《めぐろふどう》や*泉岳寺《せんがくじ》も。深川《ふかがわ》の八幡《はちまん》様も*亀戸天神《かめいどてんじん》も。えっ、*愛宕山《あたごやま》も増上寺《ぞうじょうじ》も。*護国寺《ごこくじ》から*鬼子母神《きしもじん》も。江戸の大きな寺社は総なめですな。江戸の者より、よほど詣でてますねえ。向島《むこうじま》、*飛鳥山《あすかやま》、*道灌山《どうかんやま》も行きなすったんですか。なんだか、うらやましいようなお話ですねえ。

江戸の人も遊山《ゆさん》は好きで、六地蔵《ろくじぞう》とか六阿弥陀《ろくあみだ》めぐりとかやりますが、なかなかそこまではできません。

それじゃ、浅草《あさくさ》のこともすっかり詳しくなりましたな。そうでもない？　雷門《かみなりもん》からまっすぐ本堂にお参りして、ここの茶店でお茶を飲んで帰るだけですか。それは、せっかくなのにもったいない。よろしかったら、ちょっとご案内しましょうか。これで浅草もけっこう、奥が深いんですよ。

の公事宿へ渡され、そこから着払いの飛脚《ひきゃく》によってもたらされた。

＊内済
もめごとを裁判沙汰にしないで、村役人などのとりなしにより、話し合いで事件を和解させること。現代の示談にあたる。

＊目黒不動
目黒区下目黒。正式には瀧泉寺《りゅうせんじ》といい、「江戸五色不動」のひとつ。

＊泉岳寺
港区高輪。赤穂浪士《あこうろうし》ゆかりの寺で、浅野内匠頭《あさのたくみのかみ》と四十七士の墓がある。

＊亀戸天神
江東区亀戸。亀戸天満宮ともいい、池に架かる太鼓橋と、梅・藤の名所。

【雷門《かみなりもん》】正しくは風雷神門といい、門の左右に風神・雷神を安置する。下がっている大提灯は新橋の信徒から奉納されたもの。正面に描かれているのが仁王門で、右側の五重塔は太平洋戦争で焼失し、現在は左側に再建されている。歌川広重《うたがわひろしげ》『名所江戸百景《めいしょえどひゃっけい》　浅草金龍山《あさくさきんりゅうざん》』江戸東京博物館

では、お代の一六文をいただいて。茶店のことは女房や女たちに任せて、出かけましょうか。

江戸以前の浅草寺

まずは、本堂にもう一度参りましょう。私どもは、風雷神門《ふうらいじんもん》の外の茶店とはいえ、観音《かんのん》様のおかげでこうして商売させていただいておりますから、朝晩必ずお参りさせてもらってます。何度お参りしても罰は当たりませんからね。

藤兵衛《とうべえ》さんとおっしゃるんですか。じゃあ、そう呼ばせていただきますよ。

風雷神門から仁王門《におうもん》までの間は、仲見世《なかみせ》といってますが、左手の*伝法院《でんぼういん》の向かい側が二十軒茶屋といいましてね、うちの茶店みたいなのとはちょっと違います。

必ず看板の茶汲《く》みの娘がおりましてね、明和《めいわ》（1764〜72）のころには、蔦屋《つたや》のお芳《よし》という娘が三美人のひとりとして、もてはやされたんですよ。ほら、笠森《かさもり》お仙《せん》という娘の名前は聞いた

＊愛宕山 港区愛宕。標高26ｍだが、江戸時代は眺望のよいことで有名だった。

＊護国寺 文京区大塚。5代将軍綱吉《つなよし》により、母桂昌院《けいしょういん》が帰依する僧隆光《りゅうこう》を開山として創建された。

＊鬼子母神 豊島区雑司ヶ谷。正称は法明寺《ほうみょうじ》鬼子母神堂だが、雑司ヶ谷の鬼子母神と親しまれている。

＊飛鳥山 北区王子。8代将軍吉宗《よしむね》が桜を植樹させ、上野・墨堤と並ぶ花見の名所となった。

＊道灌山 荒川区西日暮里。かつては江戸湾に臨む高台で、縄文時代から人が住んでいた。太田道灌の砦《とりで》があったと伝えられる。

【お仙《せん》の茶屋】明和初期（1764～69頃）に、谷中《やなか》の笠森稲荷境内の水茶屋「鍵屋《かぎや》」にいた看板娘が「笠森お仙」。浅草観音裏の楊枝店《ようじだな》の柳屋《やなぎや》お藤《ふじ》、浅草二十軒茶屋の蔦《つた》屋《や》お芳《よし》とともに三美人に数えられ、錦絵のモデルとしても人気だった。一筆斎文調《いっぴつさいぶんちょう》『笠森稲荷社頭図《かさもりいなりしゃとうのず》』東京、出光美術館

ことがあるんじゃありませんか。

江戸の町は、家康公《いえやす》がご入府なさってから開けたところですが、この＊浅草寺《せんそうじ》はそのはるか以前から大きなお寺だったようです。

伝わっている由緒によると、推古《すいこ》天皇の36年（628）といいますから、ずいぶんと昔のことですが、檜前浜成《ひのくまのはまなり》と竹成《たけなり》という漁師の兄弟がいて、宮戸川《みやとがわ》（隅田川《すみだがわ》）で投網《とあみ》を打ったところ、一寸八分（約5・5㎝）ほどの金色の観音像がかかったというのです。それを主人の土師直中知《はじのあたいなかとも》に見せたら、この人はその観音様に帰依《きえ》することを決めて、出家して自宅をお寺にしてしまったとか。

これが浅草寺の始まりなんですな。その後、大《たい》化《か》元年（645）に勝海上人《しょうかいしょうにん》という方がお寺を建てて、夢のお告げがあったとして、その観音像を秘仏にしてしまったそうです。

もともと小さいうえ、誰も見たことがないのに、これだけの参詣人を集めるんだから、たいしたもんです。なかには、「小兵《こひょう》でもこれ見てくれの大

＊伝法院
台東区浅草。浅草寺の住職が住む本坊で、境内には小堀遠州《こぼりえんしゅう》作と伝わる池泉回遊式の庭園と、表千家《おもてせんけ》の不審庵《ふしんあん》を模してつくられた茶室がある。なお、伝法院に面した商店街では、「江戸まちづくり景観整備事業」に基づいて、平成17年から江戸の町並みの再現が進められている。

＊浅草寺
台東区浅草。浅草寺の由緒については、江戸時代に多くの平易な「縁起」や「縁起絵巻」がつくられ、広く知られていた。現在の本堂は昭和33年（1958）の再建。秘仏である本尊の聖観音像《しょうかんのん》の前に、「御《お》前立本尊《まえだちほんぞん》」が安置されている。

【浅草寺の市のにぎわい】12月なかばになると、正月用品を売り出す「歳《とし》の市《いち》」が江戸の各所で順繰りに立った。なかでも浅草寺の歳の市はひときわ盛大だった。豊原国周《とよはらくにちか》『浅草金龍山市《あさくさきんりゅうざんいち》の図』江戸東京博物館

がらん」なんて、憎まれ口みたいな川柳《せんりゅう》をつくった人もいますがね。

　まあ、あくまで言い伝えなんで、本当のところはわかりません。もっとも、鎌倉《かまくら》幕府のころには、*『吾妻鏡《あずまかがみ》』という本に寺の名は出てくるそうです。あの*源頼朝《みなもとのよりとも》や*足利尊氏《あしかがたかうじ》なんて人も帰依したそうで、坂東三十三観音札所の第一三番になっています。

　徳川様の御代になってから、上野《うえの》の寛永寺《かんえいじ》を開かれた*天海僧正《てんかいそうじょう》のご進言もあって、徳川家の祈願所になりましたんでね、今日の繁栄を見たわけです。そのおかげで、私を含めてたくさんの人間が生業《なりわい》ができるようになっているわけで、あだやおろそかにはできません。

　こういっちゃ失礼かもしれませんが、お寺そのものも、たいそうな実入りがあるそうです。うわさによると、年に一万二七〇〇貫文のお賽銭《さいせん》があがった年もあるそうです。それだけ信仰が篤いということでしょうか。

＊『吾妻鏡』
「東鑑」とも書き、鎌倉幕府がみずから編纂した幕府の歴史書。鎌倉時代の研究には欠かせない史料。

＊源頼朝
1147〜99。平氏を滅亡させて鎌倉幕府を開き、初代将軍となった。

＊足利尊氏
1305〜58。鎌倉幕府を倒し、建武政権に対抗して室町幕府を開いた。

＊天海僧正→p49

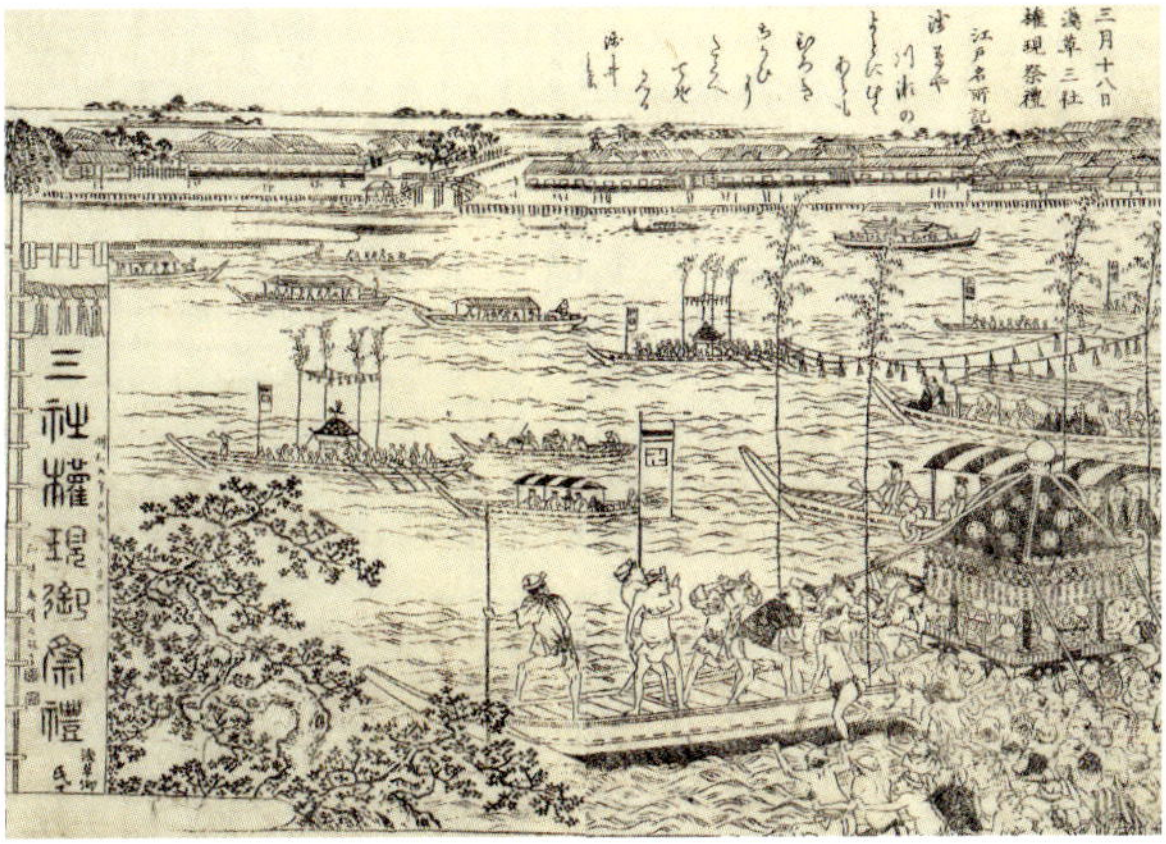

【三社権現《さんじゃごんげん》のお祭り】 3月17・18日の例祭は、浅草寺山内から隅田川を渡御《とぎょ》した。今も毎年5月第3の金土日に盛大に行なわれ、「三社祭」の通称で親しまれている。『東都《とうと》歳事《さいじ》記《き》 浅草三社権現祭礼《あさくささんじゃごんげんさいれい》』 江戸東京博物館

三社様のお祭り

本堂の右手奥にあるのが、三社権現《さんじゃごんげん》（*浅草《あさくさ》神社）です。私らは三社様と呼んでます。三社というのは、さっきお話しした檜前浜成《ひのくまのはまなり》・竹成《たけなり》の兄弟と、その主人の土師直中知《はじのあたいなかとも》のお三方を指しています。

ここのお祭りはたいそうなもので、観音祭《かんのんまつり》とか浅草祭とか呼んでますが、氏子の一八か町から山《だ》車《し》が出て、そりゃにぎやかなもんです。本祭は一年おきですがね、もう私ら氏子は前夜から眠れないほど楽しみなもんです。

お神輿《みこし》は三基ありますが、それを浅草御門まで担ぎましてね、そこから船にお乗せして、大川を上って駒形《こまがた》から陸に上がって、また本堂まで担いで帰ってくる。だから、船祭《ふなまつり》ともいいます。

そのほかにも、浅草寺《せんそうじ》の境内には恵比寿稲荷《えびすいなり》もあれば、薬師堂《やくしどう》、閻魔堂《えんまどう》、涅槃堂《ねはんどう》もあるし、毘沙《びしゃ》門《もん》様、弁天《べんてん》様、普賢菩薩《ふげんぼさつ》も文殊菩薩《もんじゅぼさつ》もおられるし、熊野《くまの》の権現《ごんげん》様もいらっしゃる。たいていの願い事

＊浅草神社 浅草の総鎮守で、現在の呼称は明治6年（1873）から。江戸時代は三社権現といい、現在も「三社様」の呼び名で親しまれている。社殿は3代将軍家光《いえみつ》によって建立されたもので、戦火をまぬかれて江戸初期の神社建築を今に伝えている。

【浅草の楊枝店《ようじだな》】浅草寺《せんそうじ》の本堂の前に連なる床店《とこみせ》で、美人が楊枝をきれいに並べて売っている様子が描かれている。楊枝店は茶店も兼ねていた。猿猴庵《えんこうあん》（高力種信《こうりきたねのぶ》）『江《え》戸循《どじゅん》覧記《らんき》』東京、東洋文庫

は、かなってしまう仕組みになってます。

それでも、男どもの煩悩を静めたり、この世の願い事をかなえてくれるのは、本堂西側に広がる奥山《おくやま》のほうでしょう。ただまあ、藤兵衛さんのような在からいらした方や、私らは陰で＊浅黄《あさぎ》裏《うら》と呼んでますが、勤番のお侍なんかはひとりで行かれないほうが無難ですよ。見世物を眺めるくらいが穏便でしょうな。

茶店にしたって、私のところの茶店とは違って、値段はあってないようなものです。茶店とはいうものの、お酒を飲まない人は客じゃないと思ってますからな。上手に勧めて、勘定がいくらになるかわからないなんて店もある。なかには店の奥で女に相手をさせて、二分《ぶ》だ三分だというところもあります。

藤兵衛さん、ほんとうに女遊びがしたかったら、吉原《よしわら》なり、深川《ふかがわ》の岡場所なり、ちゃんとやっているところのほうが、一見高そうだが安心して楽しめますよ。えっ、吉原ですか？　ようがす。あと

＊浅黄裏
浅黄（浅葱）色は若い葱《ねぎ》の葉の色のことで、緑がかった薄い藍《あい》色。勤番で江戸へ出てきた下級の武士は、着物の裏地に浅黄色の木綿を使っているものが多かったことから、遊里では野暮で無骨な侍をあざけって「浅黄裏」と呼んだ。

【浅草奥山《おくやま》の見世物】浅草寺の本堂裏側の一帯を奥山といい、見世物・大道芸・物売り・茶店などでつねににぎわっていた。「松井《まつい》源水《げんすい》の独楽《こま》回し」は、代々の源水が歯磨き売りの余興に曲独楽を演じ、長い間、奥山の名物となっていた。鍬形蕙斎《くわがたけいさい》『近世職人《きんせいしょくにん》尽絵詞《づくしえことば》』東京国立博物館

でご案内してあげますよ。

あそこに、*奈良《なら》茶飯《ちゃめし》が六四文と書いてありますでしょう。とんでもない。茶飯だけ食べて、出てこられるわけはありません。

奥山名物の見世物

さてさて、ちょっとぶらつきましょうかね。ほら、ここかしこに茶屋がありますが、ほかにもいろいろ店が並んでましょう。楊枝屋《ようじや》が多いんですよ。ざっと九〇軒はあるといいます。あれなどは、江戸の土産にいいかもしれません。

奥山《おくやま》の名物といえば、なんといっても見世物です。葭簀《よしず》張りの小屋掛けでは長唄とか曲芸とか、なかには女相撲や「からくり」なんかもありますが、外で歯磨き粉を売るために人寄せにやる松井《まつい》源水《げんすい》の独楽《こま》回しなどが、やはり奥山らしくていいですな。

長井《ながい》兵助《へいすけ》の居合《いあい》抜きを見せながらの*反魂丹《はんごんたん》売りなどは、買わなきゃただで見られます。まあ、だ

＊奈良茶飯
薄くいれた煎茶で炊いた飯に、濃くいれた茶をかけて食べる奈良の名物。江戸では明暦の大火（1657）後に、浅草寺門前にこれを売る店ができ、料理茶屋の祖となった。

＊反魂丹
熊《くま》の胆《い》に各種の薬草などを調合したもので、腹痛や傷に効くという。古くから中国にあった薬で、日本では元禄（1688〜1704）ごろから、富山の薬売りによって全国に広まった。

【日本堤《にほんづつみ》】日本堤は荒川《あらかわ》の洪水対策として、徳川家康が諸国の大名らに命じて築かせた堤防。明暦3年（1657）に、遊廓の吉原が浅草寺裏に移転して新吉原ができると、遊客たちの通り道となった。日本堤では一般には徒歩か駕籠《かご》が決まりだった。歌川広重『名所江戸百景《めいしょえどひゃっけい》　よし原日本堤《わらにほんづつみ》』江戸東京博物館

■左ページ図版

【新吉原】新吉原を俯瞰《ふかん》した図で、左下の大門からまっすぐにつづく桜並木の街路が仲《なか》の町《ちょう》。画題にある五丁町とは、元吉原にあった5つの町の総称だが、新吉原で町数が増えたあとも俗称として踏襲《とうしゅう》された。歌川広重『東都名所《とうとめいしょ》　新吉原五丁町弥生花盛全図《しんよしわらごちょうまちやよいはなざかりぜんず》』江戸東京博物館

まされるところでは、きちんとだまされてやるのも江戸っ子の意気かもしれませんな。間違っても、だまされて怒ったりしちゃいけませんよ。*手妻《てづま》遣いなんかは、客をだまして喜ばせるのが商売ですからな。

奥山は、この猥雑《わいざつ》なところがいいんです。楊弓場《ようきゅうば》もありますが、本気で的に当てようなんて考えずに、店の娘と軽口をきくのを楽しむところですよ。藤兵衛さんは、娘さんがいらっしゃる？　それなら、小間物屋か絵草紙屋でなにか江戸土産を見つくろうくらいが、いい案配の思案かもしれませんね。

日本堤を吉原へ

それじゃ、さっきお約束した*吉原《よしわら》へ足をのばしましょうかね。随身門《ずいしんもん》（*二天門《にてんもん》）をくぐって馬道《うまみち》に出ましょう。歩いて吉原に向かうお人は、だいたいがこの道です。両側がお寺さんばかりですが、これを突き当たったところに堀がありましてね、

＊手妻遣い
手妻は手品・奇術のことで、「手妻遣い」は今風にいえば、マジシャンのこと。

＊吉原
江戸で唯一の公許の遊廓。江戸初期には日本橋葺屋町《ふきやちょう》につくられ、昼間だけ営業していた。だが、江戸城前面の土地が狭くなったのと風紀上の問題から、明暦の大火（1657）を機にその秋までに浅草山谷《さんや》地区へ移転し、昼夜の営業が認められるようになった。これにより、旧吉原を「元吉原」、浅草のほうを「新吉原」と称する。また、江戸の中心から北のほうにあったので、「北国《ほっこく》、北里《ほくり》、北楼《ほくろう》」とも呼ばれた。

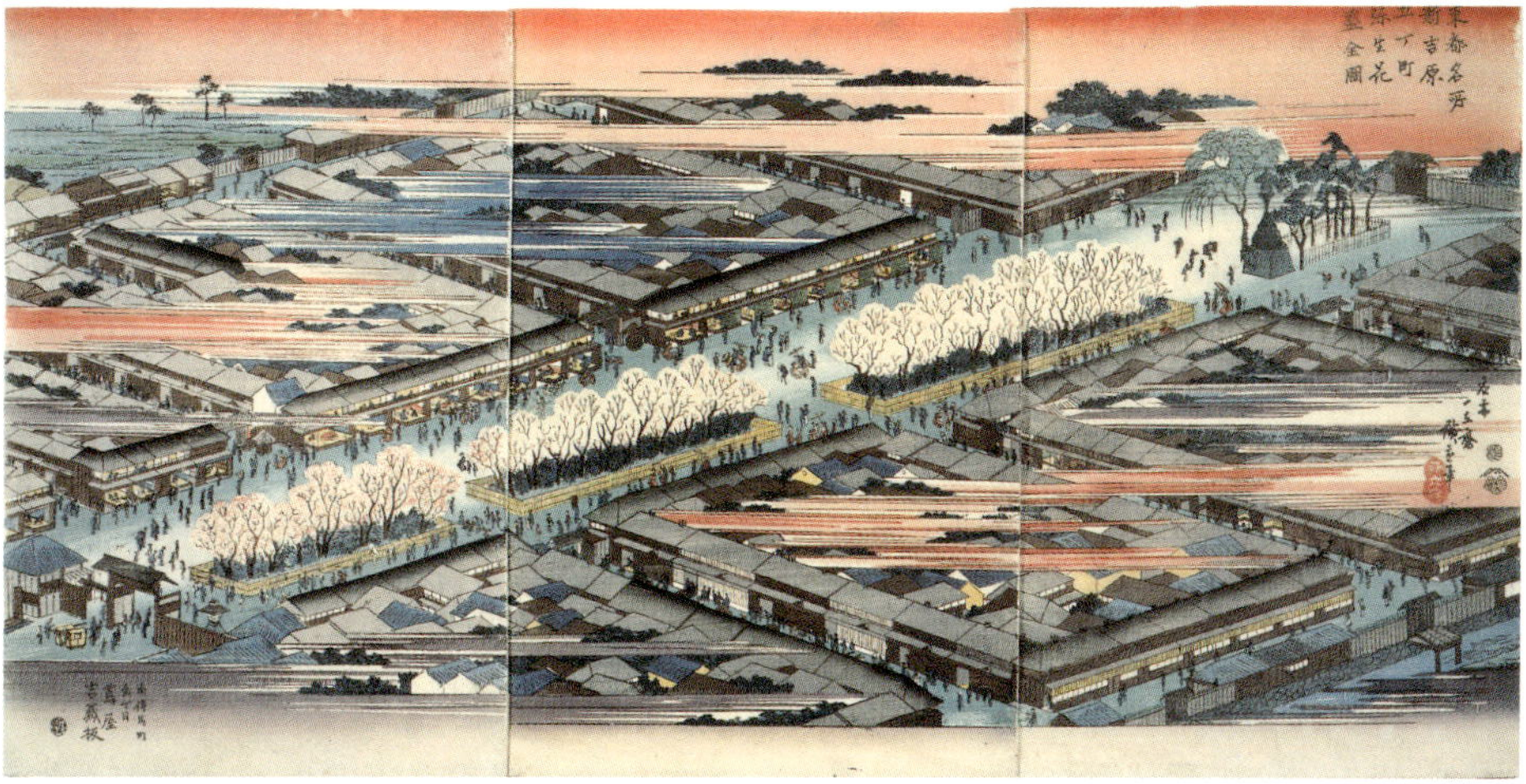

山谷《さんや》堀《ぼり》というんですが、大川を猪牙《ちょき》*で来たお人は、その入り口で降りて、そこから徒歩か駕籠《かご》に乗ることになります。

山谷堀沿いの堤が日本堤《にほんづつみ》です。俗に「土手八丁」といいますから、長さが八町（約八八〇m）ほど。ここで行き交う人は、みなさん遊びにいかれる方ですから、お互い知らんぷりをするのが礼儀ですよ。藤兵衛さん、あんまりきょろきょろしちゃいけません。このあたりも水茶屋が並んでますが、編笠《あみがさ》茶屋といいましてな、顔を隠したい方はここで編笠を手に入れるわけです。

ここを左に折れると吉原の入り口の大門《おおもん》ですが、そこまでの通りは五十間道《ごじっけんみち》といいまして、「く」の字に曲がっています。その入り口にあるのが見返り柳です。どの遊所にも必ず柳が植えられているそうですよ。きょうは「ひやかし」*ですが、どうです、だんだん気持ちが高ぶってくるでしょう。そういう仕組みにつくってあるんですな。

吉原のまわりは「おはぐろどぶ」という堀で囲

*二天門
浅草寺の東側にあり、もとは浅草東照宮《とうしょうぐう》の随身門として建てられたもの。明治元年（1868）から始まった神仏分離令により、二天門の名にかわった。浅草寺最古の建造物で重要文化財。昭和32年（1957）に、上野寛永寺《うえのかんえいじ》の子院から移された増長天《ぞうちょうてん》（左）と持国天《じこくてん》（右）が安置されている。

*猪牙→p82

*ひやかし→p124

【仲《なか》の町《ちょう》】満開の花の下を、花魁《おいらん》の行列や遊客たちが行き交う。画面中央の黒い屋根は江戸町1丁目の木戸。歌川広重『江戸《えど》名所《めいしょ》吉原仲《よしわらなか》の町《ちょう》　桜　時《さくらどき》』江戸東京博物館

ってあって、その外は浅草田圃《たんぼ》です。この落差がまた、いいんでしょうなあ。

この世の別天地

はい、大門《おおもん》に着きました。どうです、別天地の心地がするでしょう。入ってすぐ右手が、*四郎兵衛番所です。その反対側には、八丁堀《はっちょうぼり》の同心《どうしん》がまわってくる詰所《つめしょ》があります。

真ん中の通りが仲《なか》の町《ちょう》です。桜の季節には、この通りが一夜にして満開の桜並木になります。わざわざ咲いた桜をもってくるんですから、すごいもんでしょう。

仲の町の両側のお店は、*引手《ひきて》茶屋です。お客はここに入って、値段の交渉などをしまして、決まれば二階座敷に*花魁《おいらん》を呼ぶことになります。花魁の見世《みせ》から茶屋まで来るのが花魁道中というもので、着飾った花魁が三枚歯の塗り下駄《げた》で、いわゆる外八文字を踏んで歩くんです。

これで吉原の華やかさを見せつけるわけですが、

＊四郎兵衛番所
大門のすぐわきにあり、遊女の逃亡を監視した。

＊引手茶屋
遊客の廓遊びの案内役を務めることを生業とし、妓楼への送迎や酒宴の場を提供した。大見世のような格の高い妓楼は、引手茶屋を通した客しか上がれなかった。

＊花魁
位の高い遊女のこと。吉原で、妹分の女郎や禿《かむろ》が姉女郎を、「おいらの（姉女郎）」といったのが、語源と伝わる。遊女の等級は時代によって異なるが、江戸後期では上から呼出《よびだし》・昼《ちゅう》三《さん》・付廻《つけまわし》・座《ざ》敷持《しきもち》・部屋《へや》持《もち》で、この下に客をとらない新造《しんぞう》と禿がいる。文政2年（1819）には、禿を除いて3870人余の遊女がいた。

【花魁《おいらん》】8月1日の「八朔《はっさく》」は、割増料金をとる吉原の「紋日《もんび》」のひとつで、花魁たちは白い衣装を着ることになっていた。背景は江戸町1丁目の通り。歌川国貞《うたがわくにさだ》『江戸《えど》新吉原八朔白無垢之図《しんよしわらはっさくしろむくのず》』江戸東京博物館

私らは見物させてもらうだけです。こんな呼出《よびだし》といわれる花魁には縁がない。というより、銭がないといったほうがいい。もっとも、花魁でも最高級の「太夫《たゆう》」といわれる人は、宝暦《ほうれき》（1751〜64）のころにはいなくなったそうです。

私らに縁があるとすれば、仲の町からわきに入る揚屋町《あげやちょう》や京町《きょうまち》にある、大町小見世《おおまちこみせ》とか小見世くらいでしょう。

見世の位は、籬《まがき》（格子）で区別がつきます。大籬（総籬）は高級な大見世《おおみせ》、半籬が中見世《ちゅうみせ》です。小見世となると小格子《こごうし》になりますから、すぐわかります。大町小見世だと昼一分、夜一分程度。二朱くらいで遊べる小見世もあります。

さっき、奥山でご注意申しあげたように、きちんとしたところのほうが安心して遊べる仕組みになってるんです。

吉原には、もっと格安の切見世《きりみせ》＊もありましてね。おはぐろどぶ沿いの浄念河岸《じょうねんがし》と羅生門河岸《らしょうもんがし》に行けば、一〇〇文くらいで時間を区切って遊べます。

【大籬《おおまがき》】総籬ともいう。揚代《あげだい》が金二分以上の遊女を抱える高級見世《みせ》。

【半籬《はんまがき》】中見世のこと。揚代が金二分〜二朱の遊女を抱える中級見世。

【小格子《こごうし》】小見世のこと。揚代が金一分以下の遊女のみを抱える下級見世。

【吉原の見世《みせ》】妓楼「いづみや」の格子先を描いたもの。格子の奥には着飾った花魁がずらりと並んで座り、遊客が格子にかじりついてそれを見ている。葛飾応為《かつしかおうい》『吉原格子先《よしわらこうしさき》の図』東京、太田記念美術館

もっとも、面相などに文句はいえないし、病気の心配もしなきゃいけませんがね。藤兵衛さんにはお勧めしませんな。

あれ、藤兵衛さん、どこに行きなさった。私も久しぶりで「なか」に来て、ついきょろきょろしちまったが、あれー、藤兵衛さんっと。やだなあ、あそこの＊張見世《はりみせ》にひっかかっちゃってるよ。

藤兵衛さん、どうしなすった。もう少し見せたいものがあるんですよ。

えっ、この見世に上がる？　そりゃお国の地女と比べちゃ、そっちがかわいそうだが、それにしてもきょうはひやかしだっていったでしょう。

そりゃたしかに江戸に出てから、一か月以上女っ気がなかったのは聞いてますが、私はそんなつもりでご案内したわけじゃないんですから、知りませんよ、もう。

＊切見世
下級の小見世からも落ちこぼれた、最下級の局女郎《つぼね》が客をとる長屋。

＊張見世
格子を巡らした座敷に、遊女が並んで客を待っている妓楼の店先。

【助六《すけろく》（模型）】江戸の理想の男伊達とされる。江戸東京博物館

【町火消《まちひけし》と纏《まとい》】『江戸《えど》の花子供遊《はなこどもあそ》び　五番組《ごばんぐみ》　こ組』　江戸東京博物館

【魚河岸《うおがし》の若い衆】威勢のよさが売りもの。『日本橋魚市繁栄図《にほんばしうおいちはんえいのず》』神奈川県立歴史博物館

江戸っ子の心意気

◆「いき」と「はり」と「いなせ」

「江戸っ子」という言葉の初出は、明《めい》和《わ》8年（1771）の「江戸っ子のわらんじをはくらんがしさ」という川柳《せんりゅう》だとされている。「わらんじ」は草鞋《わらじ》、「らんがしさ」は「乱がしい」、つまり騒々しいという意味である。これからすると、江戸っ子はどうもがさつな人種のようだ。

しかし、西山松之助《にしやままつのすけ》の『江戸ッ子』には、「乳母日傘《おんばひがさ》での高級な育ち」という条件もあり、長屋の八つぁん、熊さんとは少しイメージが違う。

それでも、「金ばなれがよく」「『いき』と『はり』を本領とする」という条件は、イメージにぴったりだろう。「江戸っ子の生まれ損ない金を貯《た》め」という川柳は、まさしく「宵越しの銭を持たぬ」状況を詠んだものだが、その日暮らしではあっても、なんとか生活できるくらいの働き場所がある、江戸の活況を示す川柳でもある。

「いき」は垢《あか》抜けした色っぽさで、「はり」は反抗心を含む心意気と思えばいい。その代表的な人物が、「歌舞伎十八番」のひとつ『助六由縁江戸桜《すけろくゆかりのえどざくら》』の主人公、花川戸《はなかわど》の助六ということになる。

勇み肌のいきな姿を表わす言葉に「いなせ」がある。出世魚である鯔《ぼら》の未成魚のイナの背を意味し、日本橋魚《にほんばしうお》河岸《がし》で働く若い衆の髷《まげ》がこれに似ていることから、威勢のよさを表わす言葉に転じていったものである。

いずれにしても、人口流入の激しい江戸にあって、「江戸生粋《きっすい》のはえぬき」という条件で、江戸化されない他所出身者とみずからを区別する強烈な自負が生み出したのが、江戸っ子意識だったといえよう。

食べ物屋のいろいろ

【てんぷらの屋台】竹串に刺したてんぷらを立ち食いでつまむ。鍬形蕙斎《くわがたけいさい》『近世職人尽絵詞《きんせいしょくにんづくしえことば》』東京国立博物館

【二八蕎麦《にはちそば》の屋台】二八の下に「きそば」と「うんどん」と書かれている。歌川豊国《うたがわとよくに》『鬼あざみ清吉《せいきち》』名古屋市博物館

◆江戸の外食好き

江戸は外食産業が栄えた町だった。その要因として、男性の単身者の比率が高かったことがあげられる。たとえば寛保《かんぽう》3年（1743）の幕府の調査によると、男性が約三二万六〇〇〇人、女性が約一八万五〇〇〇人で、圧倒的に男性社会である。

しかも、急速に都市として拡大した経緯からすると、地方から単身で流入したケースが多いと考えられ、比較的早い時期から、簡易な食事を提供する商売の成立する基盤があったのだろう。

たとえば、貞享《じょうきょう》3年（1686）の町触《まちぶれ》では、うどんや蕎麦《そば》に限らず、移動式の屋台での商売を禁止する一方、店を構えての食事の提供はかまわないとされている。これは火事を恐れての措置とみられるが、それだけ簡易な屋台での飲食提供が多かったことを示している。

こうした飲食業がどのくらいあったのかといえば、文化《ぶんか》元年（1804）の幕府の調査では六一六五軒だった。

◆屋台から超高級料理屋まで

では、どんな食べ物商売があったのか、江戸後期の風俗を考証した『守貞《もりさだ》謾稿《まんこう》』（『近世風俗志《きんせいふうぞくし》』）を見ると、焼豆腐・蒟蒻《こんにゃく》・慈姑《くわい》・蓮根などの煮物を大丼鉢に並べて売る菜《さい》屋、煮豆屋、刺身屋、茶漬屋、うどん・蕎麦屋、鰻屋《うなぎや》、鰌屋《どじょうや》、茶店などが並んでいる。このうち、蕎麦屋は各町に一軒はあるとされ、三七〇〇軒はあったという。

屋台見世（店）で売られているのは、鮨《すし》・てんぷらがほとんどで、また菓子や餡餅《あんもち》を売る立ち売りもあった。

商売の工夫もさまざまになされた。一食一〇〇文の定食屋があるかと思うと、銀三分（約五〇文）の均一料金で定食を食べさせるチェーン店もあった。

これらの店は、どちらかといえば町

【高級料亭の座敷】浅草山谷《さんや》にあった最高級の料亭、八百善《やおぜん》の2階。歌川広重《うたがわひろしげ》『江戸高名会亭尽《えどこうめいかいていづくし》』東京、サントリー美術館

【稲荷《いなり》ずしの屋台】細長い形で、1本16文は蕎麦と同じ値段。『近世商売尽狂歌合《きんせいあきないづくしきょうかあわせ》』国立国会図書館

人などを対象にした商売である。その一方には高級な料理店も存在した。これは、現在の高級料亭に匹敵する。

会席料理と称するフルコースを提供する店で、座敷のしつらえにも工夫を凝らし、離れや浴室まで用意し、庭もぜいたくな造りになっている。

その座敷で、料理を食べ、デザートの菓子を味わい、土産の折詰めと帰路の提灯《ちょうちん》まで持たされて、銀二〇匁《もんめ》（一両の三分の一）ほどである。

この種の店でもっとも有名だったのが、二、三人で茶漬けを食べて一両二分だったという逸話の残る、八百善《やおぜん》である。

八百善は、メディア戦略にも優れ、当時の文人とタイアップして、レシピブックともいうべき『料理通』を出版したり、現代の商品券にあたる贈答用の「料理切手」を発行するなど、ブランドレベルを向上させる動きも華やかだった。

江戸には、このほかにも長崎から伝わった卓袱《しっぽく》料理、獣肉専門の山鯨屋《やまくじらや》など多様な料理の店があった。

【八百善】顧客の土産用につくった「起こし絵」を組み立てたもの。

【山鯨《やまくじら》の店】山鯨は猪の肉のことで、猪鍋を食べさせる店。歌川広重《うたがわひろしげ》『名所江戸《めいしょえど》百景《ひゃっけい》 びくにはし雪《せつ》中《ちゅう》』江戸東京博物館

森下
深川神明宮
芭蕉記念館
芭蕉庵史跡
展望庭園
萬年橋
常盤
高橋
小名木川
高橋
西深川橋
東深川橋
白河
清澄白河駅
霊巌寺
深川江戸資料館
清澄公園
清澄庭園
三好
海辺橋
仙台堀川
深川
清澄通り
平野
亀久橋
冬木弁天堂
福住
深川
冬木
門前仲町
深川不動尊
永代寺
富岡八幡宮
富岡
門前仲町駅
永代通り

其之六

深川の長屋にて

隅田川《すみだがわ》下流の東岸を埋め立ててできた深川《ふかがわ》は、江戸の新開地。材木置き場の木場《きば》の繁栄が人を集め、富岡八幡宮《とみおかはちまんぐう》の門前のにぎわい、深川芸者の気風《きっぷ》のよさが、さらに多くの人を惹《ひ》きつける。

深川佐賀町《さがちょう》の長屋、裏店《うらだな》の住人は木挽《こびき》職人や船頭たち。大家は表店《おもてだな》にある搗米屋《つきごめや》のご隠居。土地っ子の大家に連れられて、深川神明宮《しんめいぐう》から富岡八幡宮へ――

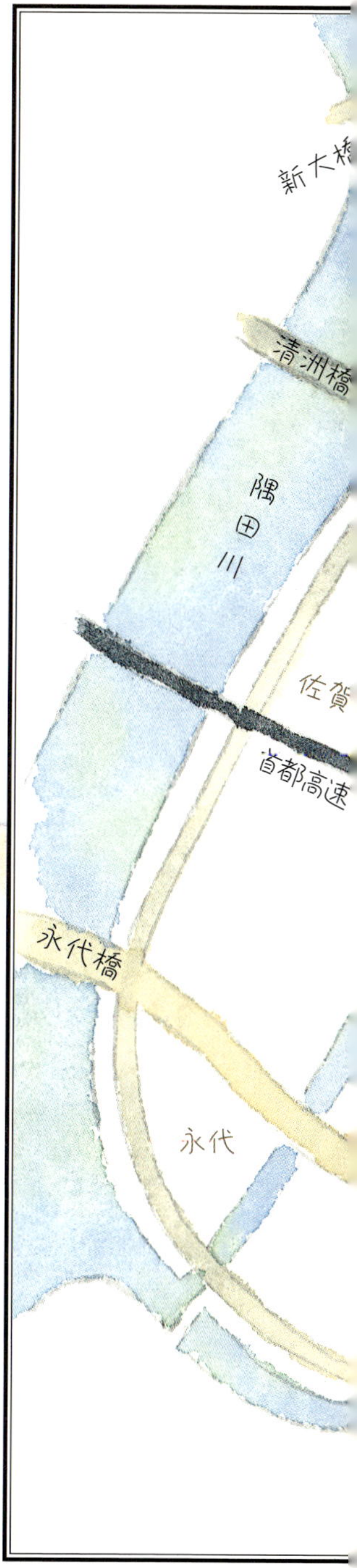

■左ページ図版

【長屋の様子】表通りに面した表店《おもてだな》（店舗）に対し、裏店《うらだな》と呼ばれる長屋が何軒もつくられた。井戸や雪隠《せっちん》（便所）、芥溜《あくたまり》（ごみ溜め）は共用。風呂はなく、近くの銭湯を利用した。イラスト／飯島満

大家と店子

おや、誰かと思えば八百屋の政吉さんだ。きょうはまた、どうしました？　お連れさんがおありになるじゃありませんか。お話がある？　入り口に突っ立ったままもなんですから、こちらにお掛けなさい。婆さんがいないもんで、お茶も出せませんがね。

棒手《ぼて》振りの直のいた長屋？　空《あ》いてますよ。どなたか当てがあるんですか。ああ、そちらのお方ですか。清助さんとおっしゃる。歳《とし》は16になりになる。お若いですな。

その清助さんは、政吉さんとはどんな？　連れ合いって、お常さんのことだね。その甥《おい》っ子。なるほど、お国はたしか上総《かずさ》の、えーっと飯岡《いいおか》の在だと伺ったことがあります。

で、清助さんの親御《おやご》さんは何を？　田圃《たんぼ》に畑もある。そこそこの高持《たかも》ちのお百姓ですな。その三男坊、しかも下にはさらに三人も。それで一念発

【野菜の振売《ふりう》り】振売りは棒手《ぼて》振りともいい、天秤棒の先に品物をつるして売り歩く行商人。商品ごとに独特の売り声がある。『熈代勝覧《きだいしょうらん》』より。

起で江戸に出てこられたわけですな。
　江戸では何をなさるおつもりですかな？　なるほど、振売《ふりう》りで青物を商う。それなら政吉さんも安心ですな。とすると、請人《うけにん》（保証人）は政吉さんが立ってくださるわけですね。それなら私も安心です。
　直のいたところはひと間っきりだから店賃《たなちん》は月に三〇〇文です。あそこは縁起のいい部屋ですよ。直にしても木《き》更津《さらづ》在から出てきて、浅蜊《あさり》や蜆《しじみ》を売り歩くところから始めて、小さいながらも自前の店をもつようになったし、好いたもの同士で所帯をもつってんでここから出て行ったんですから。清助さんもしっかり励まれることですな。
　まあ、請人になってくださる政吉さんという、いいお手本があるし、その信用が清助さんのいわば元手になるわ

【長屋の構造例】

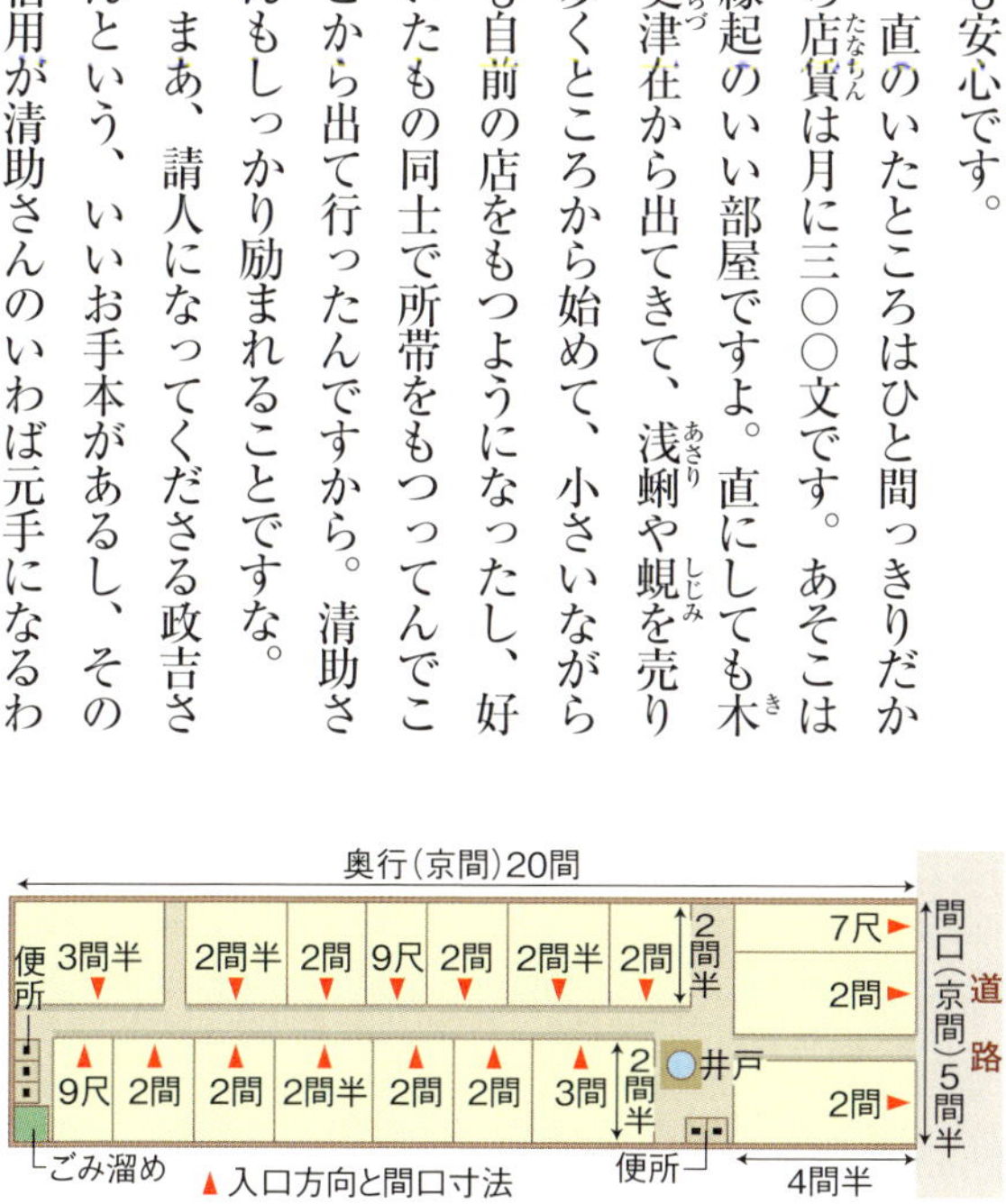

裏店の一室は、狭いもので３坪、広いもので５坪ほど。
押入れはなく、布団などはたたんで隅に重ねて置いた。

【長屋の台所】単身者の住まいを想定して復元した長屋の一室で、狭いスペースにへっつい（竈《かまど》）や七輪、水桶、食器棚などがそろっている。江東区深川江戸資料館

けですから、それを裏切るようなことをなさらないようにしなけりゃいけません。

檀那《だんな》寺《でら》からの手形*はお持ちですね。いろいろ手続きはしなけりゃいけませんが、それはあとにして、まずは部屋をお見せしましょうかね。

深川佐賀町の裏長屋

ここが直のいた部屋です。*九尺二《くしゃくに》間《けん》だから、四畳半に土間があるだけです。在の育ちのお人から見ると納屋《なや》より狭いと思われるかもしれませんが、江戸じゃこれでも立派な人間の住処《すみか》です。

押入れはありませんが、土間にはへっつい（竈《かまど》）がついてます。直はここで自分で飯を炊いてました。清助さんも、叔父さん叔母さんを頼るばかりじゃなしに、全部自前でやるくらいの覚悟がなくちゃいけませんよ。

それじゃ、私のお預かりしているところをざっと案内しておきましょうか。ここの地所は、表の間口《まぐち》が五間で奥行きが二〇間のちょうど一〇〇坪

＊手形
ここでいう手形とは、江戸時代に寺院が発行した檀家の宗旨と檀那寺を証明するもの。宗旨手形《しゅうしてがた》、寺請証文《てらうけしょうもん》などともいう。

＊九尺二間
俗に「九尺二間の裏長屋」といわれるように、長屋ではこの広さの部屋が多かった。間口が九尺（約2・7m）奥行きが二間（約3・6m）で、広さは3坪（約9・9㎡）弱。

【復元された長屋の一郭】猫の額ほどの空き地に稲荷《いなり》、井戸、雪隠《せっちん》（便所）、芥溜《あくたまり》（ごみ溜め）がつくられた。現代に比べると、江戸時代のごみの量は格段に少なかった。江東区深川江戸資料館

あります。表は政吉さんのようにお店を出してる方にお貸ししてます。裏の長屋は、職人やら清助さんのような振売《ふりう》りから雑多な職業の人に暮らしてもらってます。

そうそう、こういう長屋を「店《たな》」といいますが、ここは深川佐賀町《ふかがわさがちょう》の小兵衛店《こへえだな》と呼ばれています。これさえ覚えておけば、何かあったときには知らせが届きます。

小兵衛というのは私の名前で、この店の家守《やもり》*です。大家《おおや》とか家主《いえぬし》とも呼ばれております。「大家といえば親も同然」などと申しますが、それほどみなさんとは親しいおつき合いをさせてもらってます。困ったことがあれば、なんでもとりあえず、私にいってくださいよ。

ここが雪隠《せっちん》（便所）で、あっちにあるのが芥溜《あくたまり》（ごみ溜め）です。どちらもきれいに使ってもらわなければ困りますよ。

この店には井戸があります。これは深川ではめずらしいことです。江戸の市中は水道井戸ですが、

＊家守
家主ともいい、一般には大家の俗称で知られている。地主にかわって地所や住民の管理をした。地主から給金をもらって、店賃の徴収、修理の差配など長屋の運営にあたるほか、町触《まちぶれ》を店子に知らせるのも、大事な役目だった。

【水売り】水源から水を運んできて売り歩く。おいしい飲み水を求める人たちのために、夏の冷や水売りや飲料水の行商人もいた。『洋風日本風俗画帖《ようふうにほんふうぞくがちょう》』江戸東京博物館

こっちは水道がない。一時はあったんだが廃止されました。そのおかげで、「本所《ほんじょ》深川銭亀《ぜにかめ》の反吐《へど》を呑《のみ》」なんて川柳《せんりゅう》にされちまいました。*銭瓶橋《ぜにかめばし》のところに、水道尻といって上水のはけ口があります。水売りはそこから水を汲んで、舟で本所や深川へ売りにくるんです。

水売りから毎日水を買ってるんですから、その費《つい》えも馬鹿にならない。やっぱり川柳で、「水売の出《で》嶋《じま》へよせる銭の波」というのがあるくらいで、*一荷波銭《いつかなみせん》一枚、つまりは四文ですが、毎日となると店賃が倍になると思わなきゃいけません。ほかにもいろいろと、在のお方には戸惑うこともあろうかと思いますが、おいおい覚えられるといい。

江戸の賃貸契約とは

さて、今度は証文をつくりましょうかね。これはどちらかというと、請人《うけにん》である政吉さんのものが大事ですよ。清助さんにも聞いてもらって、叔父さんである政吉さんが、あなたのことをどう請

＊銭瓶橋
江戸城内堀の呉服橋御門《ごふくばしごもん》と常磐橋御門《ときわばしごもん》の間に、一石橋《いっこくばし》と向かい合って架かっていたが、現在は橋もその跡を示すものもない。橋のほとりに江戸で最初の銭湯が開業した。

＊一荷・波銭
一荷は天秤にさげた前後の桶ふたつ分で、ひとつ分は半荷といった。波銭は四文銭のことで、裏に波模様があるのでこう呼ばれた。

【裏長屋のたたずまい】この絵ではにぎやかな長屋が描かれているが、常時、店子を確保して空き店《だな》をつくらないようにするのは大家の仕事で、大変だった。歌川豊国《うたがわとよくに》画・式亭三馬《しきていさんば》著『絵本時世粧《えほんいまようすがた》』江戸東京博物館

け負ったのか、よくわかっておいていただかないといけない。

いいですか。まずはお名前と生国《しょうごく》からです。つぎは、これまでに何かお咎《とが》めを受けるようなことをしていないかです。大丈夫ですね。

*店賃《たなちん》は先ほど申しあげた三〇〇文です。これを毎月晦日《みそか》に払っていただきますが、もしも払えなかったときは、政吉さんが立て替えることになりますから、叔父さんに迷惑をかけることのないように、しっかり稼がなきゃいけませんよ。それから地主さんのご都合で、あの長屋を使う必要がでてきたときは、文句をいわずに立ち退《の》くこと。

「御公儀様御法度之諸勝負事《ごこうぎさまごはっとのしょしょうぶごと》」、これは*博奕《ばくち》のことです。やっちゃいけません。「御制禁之御触事《ごせいきんのおふれごと》」は堅く守ること。火の元は十分に注意すること。これも大事です。それから、むやみに他人を泊まらせちゃだめです。親類であっても私に断りなく泊めることのないように。

えーと、この寺手《てらて》形《がた》を見れば宗旨はわかります

＊店賃
文政期（1818〜30）の根津《ねづ》（文京区）の裏長屋では、九尺二間の部屋の月額の家賃は銀5匁《もんめ》。これは1両の12分の1で、1両を4000文（→p74）とすると330文ほどになる。

＊博奕
江戸幕府はたびたび賭博を禁じたが、江戸後期以後、とくに関東の宿場に人別帳の登録からはずれた無宿者が集まり、賭博場を開いて荒稼ぎした。

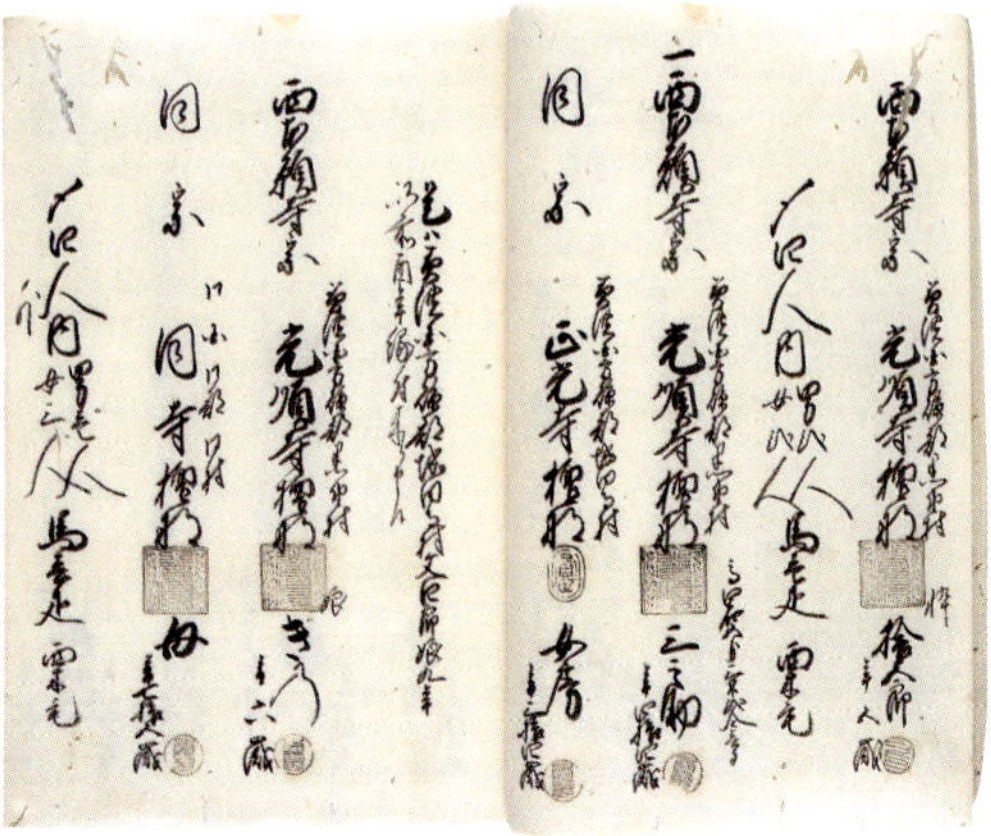

【宗門人別改帳《しゅうもんにんべつあらためちょう》】 17世紀後半以降の村々では、人々が必ずどこかの寺の檀那《だんな》であることを確認する、寺請《てらうけ》による宗門改めの制度が毎年行なわれた。宗門人別改帳（宗門改帳・宗旨人別帳）」を作成し、住民全員の檀那寺を記載した。なお、江戸では「宗門改帳」は作成されず、「人別帳」「人別改帳」が作成された。

な。この手形は政吉さんに預かってもらいますが、何かあったときは、清助さんの身元を証すものですから、なくさないように願いますよ。

最後に書いてあるのは、もし清助さんがお咎めを受けるようなことや借金をこしらえたときでも、そっちで尻《しり》をもつという約束です。家移りや旅に出るときは、きちんと私に話してください。

では、ここに政吉さんの名前を書いてもらって、印形《いんぎょう》をお願いします。

さあ、これで清助さんも小兵衛店《こへえだな》の住人です。店の方たちへは私から紹介しますが、手ぬぐい一本でもちり紙*ひと束でもいいから、挨拶に用意しておくと何かと都合がいいんだけどね。政吉さん、頼みますよ。

大川端から神明宮へ

おはようございます。よく眠れましたかな。江戸に出てきたばかりで、何かと不安はあるでしょうが、政吉さんもいることだから、ひと踏ん張り

＊ちり紙
江戸時代には古紙の再生が盛んになり、庶民の生活用の紙として、京都の西洞院紙《にしのとういんがみ》、浅草の浅草紙、信州の上田紙などが使われた。買う気もないのに見るだけのことを指す「ひやかす」という言葉は、浅草紙を漉《す》く職人が原料を煮溶かした液を冷ます間に、吉原をぶらぶらしたことから出たといわれる。

【深川神明宮《ふかがわしんめいぐう》】江東区森下にある深川地区最古の神社。祭神は伊勢神宮内宮と同じ天照《あまてらす》大神《おおみかみ》。最初、深川を開いた深川八郎右衛門の屋敷内の小祠だったが、深川の発展とともに大きくなった。境内に祀《まつ》る寿老人《じゅろうじん》は深川七福神のひとつ。

してほしいものですな。

ところで、深川《ふかがわ》の住人になったことですから、そのご挨拶《あいさつ》に、ちと出かけましょう。なあに、神社にお参りにいくんです。

深川というのは、堀割《ほりわり》の多いところでしょう。その昔、家康《いえやす》公が江戸に入られたころは、一面の葦《あし》の原だったそうです。そのときに、摂津《せっつ》国から深川八郎《はちろう》右《え》衛門《もん》というお人が、一族を率いて移ってこられた。そのときに、一族の守り神として伊《い》勢《せ》神《じん》宮《ぐう》を屋敷内に勧請《かんじょう》なさったと伝わっています。それがこれから向かう深川神明宮《しんめいぐう》です。

伝わるところでは、家康公がこの地を訪れたときに、八郎右衛門さんに地名を尋ねたところ、「住む人も少なく、地名もございません」と答えられた。それで家康公は「以後、深川とするように」とおっしゃられて、それ以降、八郎右衛門家は名主を務めるようになったわけですよ。

佐《さ》賀町《がちょう》は大川《おおかわ》（隅田《すみだ》川《かわ》）に面した町だから船宿*も多い。まずは大川沿いに行きましょうかね。す

*船宿→p131

【小名木川《おなぎがわ》】隅田川と中川を結ぶ小名木川は、全長約5km、川幅約36mの水路で、川の名は開削した小名木四郎兵衛にちなむ。歌川《うたがわ》広重《ひろしげ》『名所江戸百景《めいしょえどひゃっけい》　小奈木川五本《おなぎがわごほん》まつ』江戸東京博物館

ぐに仙台堀《せんだいぼり》を越えますが、この堀の河口には仙台の伊達《だて》様の蔵屋敷がありましてね、それでこの名がつきました。ほかのお武家のお屋敷もいくつかあります。

　つぎの堀が小名木川《おなぎがわ》で、架かっているのが万年橋《まんねんばし》です。小名木川は家康公がいち早く開削した運河なんですよ。下総《しもうさ》の行徳《ぎょうとく》にある塩田から塩を運ぶためといいますが、今じゃ、いろんなものが行き来してます。

　万年橋の先は御三家の紀伊《きい》様の下屋敷、まあ蔵屋敷ですが、そのなかに元禄《げんろく》（１６８８〜１７０４）のころに俳句の宗匠でたいしたお人だったという芭蕉《ばしょう》の庵の跡があるそうです。有名な「古池や蛙飛《かわずとび》こむ水のおと」という句も、ここの庵での作だとか。

　この道をまっすぐ行くと本所《ほんじょ》です。元禄の昔に、*赤穂《あこう》の浪士たちが討ち入った吉良上野介《きらこうずけのすけ》様の屋敷があったところです。話くらいは聞いたことがあるでしょう。きっと浪士たちは、勝鬨《かちどき》をあげなが

＊赤穂の浪士
元禄15年（１７０２）12月、主君浅野内匠頭長矩《あさのたくみのかみながのり》の敵である吉良上野介義央《よしなか》（１６４１〜１７０２）を討ち取った元赤穂藩士四七名で、「赤穂義士」と称される。江戸城松の廊下で吉良に対し刃傷《にんじょう》沙汰を起こした浅野は切腹、家名は断絶となり、吉良はお咎《とが》めなし。この処置を不公平として、家老大石内蔵助良雄《おおいしくらのすけよしお》を中心に結束して本所の吉良邸へ討ち入った。これを題材にした歌舞伎が『仮名手本忠臣蔵《かなでほんちゅうしんぐら》』で、現在でもよく上演される。

【万年橋《まんねんばし》】小名木川のもっとも隅田川寄りに架かる橋で、永代橋《えいたいばし》になぞらえて「万年橋」と名付けられた。葛飾北斎《かつしかほくさい》『冨嶽三十六景《ふがくさんじゅうろっけい》深川万年橋下《ふかがわまんねんばしした》』東京国立博物館

らこの道を逆に歩いたことでしょう。

どれ、神明様にお参りして、深川に新しい住人が来たことと、清助さんの頑張りが実りますようにお祈りしましょう。

深川は埋立地

さて、神明宮《しんめいぐう》にお参りしたら、今度は富ヶ岡《とみがおか》（富岡《とみおか》）八幡宮《はちまんぐう》に参りましょう。こっちの道を通ると、小名木川《おなぎがわ》を渡るのは高橋《たかばし》になります。渡ったあたりが海辺《うみべ》大工町《だいくちょう》です。江戸はどこでも船で行けるようなところですが、その船をつくる船大工が多いことからつけられた町名だそうです。

左側の豪儀なお寺が*霊巌寺《れいがんじ》といいましてね、寛政《かんせい》のころにご改革をなすった白河楽翁《しらかわらくおう》侯（*松平《まつだいら》定信《さだのぶ》）の墓所がございます。仙台堀川《せんだいぼりがわ》にぶつかったら、左に折れて亀久橋《かめひさばし》を渡りましょう。

先ほど深川は葦の原だったといいましたでしょう。それをちゃんとした土地にするについては、いろいろな苦労がありました。江戸では明暦《めいれき》3年

＊霊巌寺

寛永元年（1624）、現在の中央区新川あたりの霊岸島《れいがんじま》に雄誉《おうよ》霊巌上人によって創建されたが、明暦の大火（1657）で全焼したため、万治2年（1659）、現在地の江東区白河に建立された。江戸六地蔵のひとつがある。

＊松平定信

1758〜1829。陸奥国《むつ》白河藩（福島県）の藩主。8代将軍徳川吉宗《とくがわよしむね》の孫にあたる。若くして幕府老中《ろうじゅう》となり、寛政の改革を断行した。晩年は白河楽翁と号し、現在の江東区牡丹《ぼたん》にあった別邸に住んだ。江東区白河の町名は定信に由来する。

【洲崎《すさき》】かつて深川の東方の海に面した地域は洲崎といった。湿地をごみなどで埋め立てて新田開発が行なわれ、十万坪と呼ばれた。現在の江東区扇橋・石島・千田・海辺・千石あたり。画中にそびえている山は筑波《つくば》山《さん》。歌川広重『名所江戸百景　深《ふか》川洲崎十万坪《がわすさきじゅうまんつぼ》』江戸東京博物館

■左ページ図版
【富岡八幡宮《とみおかはちまんぐう》】江東区富岡にあり、深川八幡宮とも呼ばれた。境内は、隅田川河口の干潟を埋め立てた広大な敷地にあり、勧進相撲が行なわれた。門前は料亭や花街《かがい》が繁栄し、にぎわった。歌川広重『東都《とうと》深川富ケ《ふかがわとみが》岡八幡宮境内全図《おかはちまんぐうけいだいぜんず》』江戸東京博物館

（１６５７）に大変な火事*があったわけですが、そのときの焼け土を運んだり、江戸中のごみ芥《あくた》で埋め立てたりしたんです。

そんなわけで、今でも海沿いは湿地です。洪水や高潮は怖いものです。とくに寛政３年（１７９１）のときは大変な被害で、一時は洲崎《すさき》のあたりは家を建てることが禁止されました。

それでもどんどんこの土地に住む人は増えつづけたわけです。江戸の外からやってくる、清助さんのような人にも住みやすいところなんでしょう。

そんなこんなで、深川が江戸の町奉行のお支配を受けるようになったのは正徳《しょうとく》３年（１７１３）のことです。

深川のシンボル、富岡八幡宮

深川《ふかがわ》は八郎《はちろう》右衛《え》門《もん》さんが開いたんですが、今のように繁華になったのは、やっぱり八幡宮《はちまんぐう》のおかげです。門前のにぎわいは格別ですからね。祭りともなればたいそうな人出でね、江戸中の

*明暦の大火→p96

人が集まってきます。江戸でも三大祭りのひとつに数えられるくらいで、なにしろお神輿《みこし》がすごい。あの分限者《ぶげんじゃ》で有名な、*紀伊国屋文左衛門《きのくにやぶんざえもん》が寄進した純金張りですよ。それが三基もあるんだからたいしたもんだ。

深川には大半が永代橋《えいたいばし》を渡って来るんですがね、文化《ぶんか》4年（1807）のお祭りのときには、人の重みで橋が崩れて大変な騒ぎになりましたよ。亡くなった人が大勢出てねえ。

門前の人出はたいそうなもんでしょう。どうも、このあたりに来ると私もつい浮き浮きしてしまう。ほら、立派な鳥居でしょ。寛永《かんえい》4年（1627）の創建ですよ。ここは相撲《すもう》の勧進《かんじん》興行の場所でもあったからねえ。八幡様というのは源氏《げんじ》の氏神様だから、家康《いえやす》公以来、御公儀《ごこうぎ》の庇護《ひご》も厚くてね、社有の土地がおよそ*六万五〇〇坪もある。

さあ、清助さんの幸運をお願いしてと。

帰りは参道を逆に歩くことになりますが、隣の永代寺《えいたいじ》には改めてお参りすることにして、お店《たな》に

＊紀伊国屋文左衛門
?〜1734。江戸中期の豪商で、上野寛永寺根本中堂《かんえいじこんぽんちゅうどう》の造営で巨利を得た。幕府御用達の材木問屋となり、数々の豪遊逸話で知られる。

＊六万五〇〇坪
東京ドーム約4・6個分。

【富岡八幡宮の祭礼】深川祭として親しまれる祭礼は、神田明神《かんだみょうじん》、日枝神社《ひえじんじゃ》、浅草神社《あさくさじんじゃ》と並ぶ盛大なもの。現在の大祭は3年に一度で、8月15日に近い土日に、神輿《みこし》の連合渡御《とぎょ》が行なわれる。

急ぎましょう。

向こうに大きな鳥居が見えますでしょう。あの鳥居からこっちの両側が門前町になります。左手の大横川《おおよこかわ》までの町内に深川七場所といってね、江戸でも指折りの花街《かがい》がある。若い清助さん、いやいや、もう清さんでいいだろう。清さんが遊びにくるようなところじゃないけどね。木場《きば》の旦那衆や川向こうの*札差《ふださし》のお大尽が、夜な夜な遊びにくるところさ。

芸者のお姐《ねえ》さん方も粋《いき》な装いでね。気風《きっぷ》のよさは江戸でも一番といわれる。清さんは、間違っても相手にゃされないからいいが、お得意にはなってもらえるかもしれないねえ。

裏長屋の人々

さて、お店《たな》の住人を紹介しておこうかね。何かにつけて世話になるんだから、仲よくしていかなくてはならないし、助け合わなくちゃいけない。

まず、清さんの隣は松吉さんだ。松はちょいと

*札差→p83

富岡八幡宮境内に建つ「横綱力士碑」

【船宿】江戸の船宿の大半は、船で客を遊里へ送り迎えするところだった。遊里通いの猪牙《ちょき》や川遊び用の屋根船をもち、船頭も数人抱えていた。客の応対には女将《おかみ》があたり、2階座敷が男女の密会の場となることも多かった。江東区深川江戸資料館

先の大川端にある船宿で船頭をしている。まだ歳《とし》も24だし、この土地で生まれて、この土地で育った男だ。清さんの兄貴分にはちょうどいい。根が真面目《まじめ》な男で、浮いたところもないしね。

　向かい側に住んでるのは、大工*の源蔵さんと女房のお梅さん。もうすぐ子どもが生まれる。

　江戸は火事の多いところだから、しょっちゅう普請がある。その意味では、大工という仕事は食いっぱぐれがない。手間賃もそこそこもらえるんだが、毎日仕事ができるわけじゃない。風や雨の日は仕事にならないし、あれこれ考えると決して楽なものじゃないんだよ。やはり地道に稼いで、いずれは棟梁《とうりょう》と呼ばれるようにならないとねえ、源さんも。

　そのお隣はお鈴さん。ひとり住まいでね。娘さんがいるんだが、さる商家に奉公にいってます。お鈴さんは、近所の女の子に手習い*を教えたり、娘たちに裁縫を教えたりして生計を立ててなさる。娘さんを女手ひとつで育てなすったんだから、え

＊大工
日雇いの大工で、夫婦と子どもひとりで借家住まい、年間に二九〇日ほど働いて銀1貫587匁《もんめ》の収入があった例では、収入の約95%が支出にあてられた。支出の最大のものは塩・醤油・油・炭代で、米代のほぼ倍近く。

＊手習い
文字の読み書きを学習すること。江戸時代の庶民の教育機関としては、ひとりの師匠が子どもたちを集めて、手習いやそろばんを教える寺子屋が知られている。

【木場】元禄14年（1701）に材木問屋15人に払い下げた土地を、同16年に木場町と命名した。同町周辺にも材木置き場が広がり、一帯は木場と称されるようになった。材木は注文があると筏《いかだ》に組んで、水路で運ばれた。筏を操る職人は「川並《かわなみ》」と呼ばれ、「木遣《きや》り唄」や「角乗り」の技術は今に伝わっている。歌川広重『名所江戸百景　深《ふか》川木場《がわきば》』江戸東京博物館

らいもんです。

もうひとり、深川らしい住人は木場《きば》で木挽《こびき》職人をなさっている平吉さんと女房のお菊さんだ。平さんも根っからの深川のお人です。

深川と木場は切っても切れない関係がある。大工の源さんのときにもいったように、江戸は火事も多いし、材木の需要は半端なもんじゃありません。江戸中で必要な材木のほとんどが木場に貯《た》められて、材木として加工される。

ここで働いてる人たちは、独特の気風《きっぷ》のよさがあって、木遣《きや》りを唄うとなかなかなもんですよ。それに、ずいぶんと危険な仕事でもあるんで、そのせいかねえ、信心深い人が多い。さっきの永代《えいたい》寺《じ》を支えているのは木場の衆で、成田山《なりたさん》には講を組んで、毎年お参りにいくほど熱心なんです。

表店の人々

それじゃあ、今度は表店《おもてだな》を紹介しよう。

一軒は、政吉さんの八百屋だから、とくにお話

【木挽《こびき》職人の住まい】深川には昭和49年（1974）に新木場に移転するまで、300年にわたって材木を蓄えおいた木場があった。その跡は現在、木場公園になっている。木場で働いていた木挽職人の住まいには、大きな鋸《のこぎり》が壁に掛かっている。江東区深川江戸資料館

【八百屋の店先】表店の一軒で、野菜の振売りから出世すると店を構えた。店を構えると、市場、仲買、小売りという流通システムを守って商売をした。現代に比べると野菜の種類は少ないが、鮮度のいいのが自慢。江東区深川江戸資料館

しすることはありません。

いちばん目立つお店《たな》は、＊干鰯《ほしか》・〆粕《しめかす》・魚油問屋の銚子屋《ちょうしや》さんだ。清さんも飯岡《いいおか》の在だからよく知っていると思うが、九十九里《くじゅうくり》の海では鰯《いわし》がたくさん獲《と》れるだろう。鰯はもちろん食べてもうまい魚だが、獲れすぎるきらいもあるし、足がはやい。それを干して肥やしにするんですよ。

おもに木綿《もめん》の畑に使うんで、昔はほとんどが上方に運ばれていましたがね、近年では下野《しもつけ》あたりでも盛んにつくられるようになりました。深川には干鰯の揚場《あげば》があって、ここからあちこちに運ばれていくんだが、やっぱり川のおかげですよ。

もう一軒の搗米《つきごめ》（舂米《つきまい》）屋《や》は私の店です。もっとも息子に代は変わってますがね。

私も昔、下野《しもつけ》の在から江戸に出てきたんです。札差《ふださし》の店に奉公して、独立したってわけでね。じつはこの小兵衛店《こへえだな》の地主さんは、その奉公先の札差の旦那です。その関係で大家（家守《やもり》）を任されたことになります。

＊干鰯

江戸時代の代表的な金肥（購入肥料）で、干した鰯を使う。木綿や菜種、蜜柑《みかん》、藍《あい》などの栽培が本格的になったために、需要がのびた。〆粕・魚油も同様。隅田川や小名木川の水運を利用して運搬した。

【搗米《つきごめ》（舂米《つきまい》）屋《や》】玄米を、注文に応じて精白して売る町の米屋のこと。店内には足踏み式の唐臼《からうす》があり、精米には専門の職人を雇っていた。江東区深川江戸資料館

大家の仕事もあるんで、私は早めの隠居をしました。幸い息子が頑張ってくれてるし、まだ私も目を光らせてますから、なんとかなるでしょう。

大家の仕事もけっこう忙しいんですよ。店賃《たなちん》を集めて地主さんに納めるのはもちろんですが、町役人も兼ねてますから、町触《まちぶれ》をみなさんに知らせたり、逆に御公儀《ごこうぎ》へのお願いを書いたりとか。防火や怪しいのが逃げ込んでないかの心配から、行き倒れや捨て子まで、全部、町役人が面倒を見るんですから。

しかもその費用を払うのは、基本的には地主さんだけなんですよ。店子のみなさんから集めた地代・店賃のなかから、支払うというわけです。

雪隠《せっちん》の屎尿《しにょう》をお百姓に売った代金は、大家の私のものになりますが、*町入用《まちにゅうよう》のかわりだと思ってください。

それじゃ、あしたからは仕事に出るんでしょうから、頑張って働いて、店賃をきちんと払ってくださいよ。

＊町入用 「ちょうにゅうよう」「ちょういりよう」とも読む。木戸番人・書役などの人件費のほか、施設の維持、防火、祭礼費用など、町政の運営に必要な経費のことをいう。地主が所持する屋敷の規模に応じて共同で負担した。

【富くじの道具】突箱《つきばこ》・突錐《つききり》・富札詰《とみふだづめ》
東京、国文学研究資料館

【谷中天王寺《やなかてんのうじ》の富くじ】『東都歳事記《とうとさいじき》』
より。江戸東京博物館

富くじに託す夢

◆当たりくじは夢のまた夢

現代の宝くじにあたるのが、江戸の富くじである。起源は室町時代とされるが、寛永期《かんえい》（1624〜44）に幕府が公認して盛んになった。

寺社の修復費用の捻出や、幕府の寺社に対する拝領金の軽減などを目的としたもので、最盛期には、江戸だけでも月に三〇回もの興行があったといわれている。

もっとも有名なのは、谷中感応寺《やなかかんのうじ》（天王寺《てんのうじ》）、湯島天神《ゆしまてんじん》、目黒瀧泉寺《めぐろりゅうせんじ》（目黒不動）で「三富」と呼ばれた。ほかにも、浅草寺《せんそうじ》や両国回向院《りょうごくえこういん》など、数多くの寺社で富くじ興行が行なわれた。

当選の賞金に庶民が夢を託すのも現代と同じで、その悲喜こもごもの姿は「富久《とみきゅう》」「御慶《ぎょけい》」「宿屋の富」など、落語の題材として取り上げられている。

しかし、落語でいわれる「一〇〇〇両の当たりくじの富」が頻繁に行なわれたわけではなく、通常は一〇〇両から三〇〇両が「一の富」というものが多かった。

それでも倍率は二〇〇〇〜三〇〇〇倍であり、まさしく幸運を願うしかないものだった。勧進元《かんじんもと》の寺社は三〇〜五〇％の収益をあげることができた。

富札《とみふだ》の値段は、一枚金一朱から二朱程度が多く、庶民が気軽に買える金額とはいいがたい。そこで、数人で一枚を買い求める共同購入方式の「割札《わりふだ》」や、本富の「一の富」（一等）の当選番号に少額の金銭を賭《か》けた「影富《かげとみ》」も行なわれていた。影富は一枚数文程度で購入できるため、庶民は熱中したが、幕府はこれを禁止する措置をとった。

最終的に富くじは、天保《てんぽう》13年（1842）に禁止された。

髪結いと銭湯

【髪結い床】町内に店を構える「内床《うちどこ》」は町のサロン。式亭三馬《しきていさんば》『浮世床《うきよどこ》』より。東京、ポーラ文化研究所

【廻り髪結い】道具持参で得意先をまわった。歌川豊国《うたがわとよくに》『白木屋お駒』より。東京、ポーラ文化研究所

◆情報センターでもある髪結い床

日本人の男性が髷《まげ》を結い、月代《さかやき》やひげを剃ることを専門の職人に依頼するようになったのは近世に入ってからとされる。

江戸に髪結《かみゆ》い床《どこ》が出現したのは、徳《とく》川家康《がわいえやす》の入府からすぐのことで、当初は高札場《こうさつば》の番所に願い出て営業許可を得ていた。

その後、万治《まんじ》2年（1659）になって、幕府は鑑札を発行するようになり、一町一床と定めた。享保《きょうほう》年間（1716～36）になると、江戸市中には一〇〇〇以上の髪結い床があったという。

髪結い床があるのは、おもに橋詰《はしづめ》、辻、河岸端などである。これは職人に、橋の見張り番や出火の際の役所への駆けつけなどが、役として課せられていたためである。そのせいで、客は通りのほうを向いて座るようになっていた。

【正月の初風呂】番台のわきの三方に積まれているのは、なじみ客からの新年のご祝儀。歌川豊国『睦月《むつき》わか湯乃図《ゆのず》』江戸東京博物館

こうした髪結い床のほかに、鬢盥《びんだらい》という道具を持って、特定の顧客をまわって商売する廻《まわ》り髪結いという営業形態もあった。

料金は「一梳《すき》」二八文の時代が長かった。四～五日に一回結うとすれば、月に一六〇から二〇〇文程度かかったことになる。

髪結い床の営業権は株として売買されていた。場所柄やその店の歴史によ

【女湯】板張りの洗い場と脱衣場の間には仕切りがない。番台では体を洗う糠《ぬか》袋を売っていた。豊原国周《とよはらくにちか》『肌競花の勝婦湯《はだくらべはなのしょうぶゆ》』神戸市立博物館

って価格はさまざまだが、基本的にはかなり高額で取り引きされ、七〇〇～八〇〇両する場合もあった。職人自身が所持することもあったが、富裕な町人がひとりで数株を所有する場合もあった。

女性は基本的に自分で髪を結うものであったが、深川《ふかがわ》の芸者衆が職人に頼んだことから、女髪結いも出現した。

◆宿屋の客も銭湯へ

一方、公衆浴場である銭湯も、江戸の開府時から営業が始まった。江戸は武蔵野《むさしの》台地に位置し、関東ローム層の地質と風の強さなどから埃っぽい町だったせいで、入浴は不可欠と考えられたためである。

初期の銭湯は、湯女《ゆな》を置いたところが多かったが、幕府は遊廓《ゆうかく》の吉原《よしわら》との関係から弾圧し、しだいに衰微した。

式亭三馬《しきていさんば》の『浮世風呂《うきよぶろ》』でおなじみの形態の銭湯は広く普及し、江戸時代後期の中心部では一町に二軒程度はあった。一部の武家屋敷を除けば、ほとんどの家には風呂がなく、宿屋ですら客は銭湯に通った。

これも、火事の心配と燃料代の高さが原因であるといわれている。

男湯には二階座敷があり、将棋盤《しょうぎばん》や碁盤《ごばん》などがあり、町内の娯楽施設的色彩もあった。

入浴料は八～一〇文だが、月の売り上げでいえば、多いときには一〇貫文もあったという。その点では、安定した経営が見込めるため、営業権である湯屋株は投資対象としても好まれた。

【湯屋の2階】飲食や碁ができるようになっていた。式亭三馬『浮世風呂《うきよぶろ》』より。江戸東京博物館

↑JR品川駅
北品川駅
問答河岸
土蔵相模
猟師町
利田神社
(鯨塚)
歩行新宿
脇本陣
ミコシ通り
品川宿本陣
(聖蹟公園)
天王洲運河
北品川
法禅寺
旧東海道
北品川宿
品川神社
高浜運河
荏原神社
品川橋
山手通り
新馬場駅
目黒川
脇本陣百足屋
南品川宿
東海寺
妙蓮寺
京浜運河
問屋場
海蔵寺
京浜急行本線
旧東海道
元なぎさ通り
第一京浜
天妙国寺
ゼームス坂通り
東品川
海岸通り
南品川
品川寺
(江戸六地蔵)
青物横町駅
海晏寺

其之七

品川の宿にて

お江戸日本橋から二里、「東海道五十三次」の第一番目の品川宿《しながわじゅく》は、東に江戸前の海、西に桜の名所で聞こえた御殿山《ごてんやま》を望む、風光明媚《ふうこうめいび》な宿場。食売旅籠《めしうりはたご》が軒を連ね、街道を行き交う旅人を、美女が二階から手招きする。

こぢんまりした旅籠屋の主人が、今宵《こよい》のお楽しみを待つあいだにと買ってでた品川宿案内は――

高輪の別れ

いやあ、それにしても親切というかお節介というか、あの＊喜兵衛《きへえ》さんてご隠居さんは、ほんとに面倒見のいい人だねえ。

ほら、まだ茶店の前に立ってこっちを見てる。品川《しながわ》までお見送りするのが本式です、なんていってたけど、あのままならほんとに品川まで来るつもりだったんだろうね。なんとか高輪《たかなわ》の茶店で勘弁してもらったけど。江戸の人がみんなああだとは思わないが、いい人に巡り会ったことにはなるんだろうなあ。

日本橋《にほんばし》の上で偶然に出会って、今川橋《いまがわばし》まで連れていってくれたばかりか、あちこち案内してくれて、おかげで、はじめての江戸の町なのに、迷わず安心して歩けたもんな。俺《おれ》ひとりの思案じゃ、＊下馬所《げばしょ》に行ってお殿様の行列を見物しようという気にもならなかったしなあ。＊武鑑《ぶかん》なんてのを見て、どこのお殿様かわかるなんて知恵もなかっ

＊喜兵衛さん
本書「日本橋にて」の案内役。→p18

＊下馬所→p30

＊武鑑
江戸時代の大名や幕府の役人の名鑑。寛永末年ごろに発刊された『紋尽《もんづくし》』と、それにつづく『江戸鑑《えどかがみ》』を経て、貞享2年（1685）に「武鑑」のついた『本朝武鑑《ほんちょうぶかん》』が出版された。大名の家紋・家系図・石高・官位・席次や江戸屋敷などが記載されている。

■左ページ図版

【廿六夜待《にじゅうろくやま》ち】江戸では、旧暦7月26日の夜の月の出は阿弥陀三尊《あみださんぞん》の出現とされたので、人々は月の名所であった高輪や品川の海岸へ出かけ、月の出を待って拝んだ。人出を目当てに屋台が並び、歌舞音曲も行なわれてにぎわったが、天保の改革（1841〜43）で規制されてからすたれた。歌川広重《うたがわひろしげ》『東都名所《とうとめいしょ》　高輪二十六夜待遊興之図《たかなわにじゅうろくやまちゆうきょうのず》』江戸東京博物館

た。鰻屋《うなぎや》に入るのも気後れしただろうし、屋台の鮨屋《すしや》のうまいまずいもわからなかったろうしな。ともかく楽しませてもらった。

しかし、江戸って町には、ほんとに何から何まで驚かされるねえ。国のご城下なんて比べものにならないにぎやかさだし、どこまで行っても家がつづいてる。

さっきの高輪だって、江戸のはずれって聞いてたのに、茶店も料理屋もけっこうあるし、なんでも7月の廿六夜待《にじゅうろくやま》ちのときなんて夜中まで屋台が出て、歌えや踊れの大騒ぎらしい。

そういえば、＊千住《せんじゅ》の宿《しゅく》に着いたときも、にぎやかなのにびっくりしたもんだ。宿場が二二町もつづいていたり、旅籠《はたご》が五五軒もある。人の数だって一万人近くいるっていうし、食売女《めしうりおんな》（飯盛女）もきれいだった。鰻があんなにうまいものだと思ったのも、千住が始まりだったしなあ。

それでもいちばん驚いたのは、飛脚宿《ひきゃくやど》の中六《なかろく》さんのところであったちゅう酒合戦の話だな。酒を

＊千住宿
足立区千住ほか。日光・奥州道中の最初の宿場。隅田川に架かる千住大橋を挟んで10か町からなり、品川宿に次いで大きい宿場だった。また、尾久《おぐ》（荒川区）とともに江戸府内の北限とされた。

【千住酒合戦《せんじゅさけがっせん》】文化12年（1815）に千住宿の飛脚宿《ひきゃくやど》「中六《なかろく》」こと中屋六兵衛《なかやろくべえ》方で行なわれた、酒の飲み比べを描いた絵巻の一部。番付もつくられ、55人の名前が載っている。『後水鳥記《ごすいちょうき》』新宿歴史博物館

どんだけ飲めたって、田舎じゃなんの自慢の種にもなんねえのに、番付《ばんづけ》までできる騒ぎだったちゅうから、江戸はどうにもこうにもわかんねえところだ。

そうそう、江戸にいる間は、まさか喜兵衛さんに岡場所*を紹介してもらうわけにもいかなかったし、品川宿は吉原《よしわら》と並ぶ遊所でもあるってえから、ちいと楽しみだな。

品川の水茶屋で

あれ、もうにぎやかな通りになった。ここに傍示杭《ぼうじぐい》がある。「従是《これより》南　品川宿《しながわじゅく》」とあるぞ。喜兵衛《きへえ》さんの話だと、品川宿は歩行新宿《かちしんじゅく》、北品川、南品川と三つに分かれているそうだ。とすると、ここからはもう歩行新宿なわけだな。

まずは、手近な水茶屋*に入って様子をいろいろ聞いてみよう。

ごめんなさいよ。お茶を一杯くんねえな。おねえさん、さすが、天下の品川宿だねえ。人通りも

＊岡場所
江戸の各地にあった私娼街。江戸では公許の遊廓は吉原だけだが、深川や「江戸四宿」（品川・千住・内藤新宿・板橋）などに遊里がつくられ、私娼がたくさんいた。たびたび厳しく取り締まられたが、近代以降も花街《かがい》、盛り場として受け継がれている。

＊水茶屋
江戸時代には茶屋とつくものがいろいろあるが、これは現代の美人ウェイトレスのいる喫茶店にあたる。店の多くは仮設の小屋掛けで、きれいな茶汲み女を置いて看板娘にした。笠森《かさもり》お仙《せん》（→p103）が有名。

【品川宿】品川宿の北の入り口を描いたもの。左は朝焼けの海。右側の崖は八《や》ツ山《やま》で、その裾の左わきに宿場の境を示す傍示杭《ぼうじぐい》が見える。街道を行くのは大名行列のしんがり。歌川広重『東海道五十三次《とうかいどうごじゅうさんつぎ》　品川《しながわ》　日之出《ひので》』山口県立萩美術館・浦上記念館

多いし、全体に浮き立った感じがしますねえ。

旅籠屋《はたごや》はどれくらい？　*食売旅籠《めしうりはたご》が九〇軒、平旅籠が二〇軒ほどですか。それはそれは。

で、肝心のきれいなおねえさん方はどのくらいいらっしゃるんで？　お定めでは五〇〇人ですか。たいそうな数ですな。千住《せんじゅ》の宿《しゅく》もにぎやかでしたが、あそこでも一五〇人と聞きましたよ。さすが北の吉原と並んで、南国《みなみ》と呼ばれるだけありますねえ。弾正様《だんじょうさま》のおかげ？　どなたです、その弾正様ってえのは。

なるほど、明和《めいわ》（1764〜72）のころの道中奉行《どうちゅうぶぎょう》、安藤弾正様ですか。その方が認めてくださって五〇〇人になったと。それじゃ、品川宿のみなさんにとっては大恩人というわけですね。それで、8月7日に*弾正日待ちという行事があると。

そりゃあ義理堅いことで。

遊ばせてもらうのはいいが、やっぱり、掛かりが気になるなあ。

まあ、宿代が三〇〇文として、おねえさん方と

＊食売旅籠

食売女（飯盛女・宿場女郎ともいう）をおいている旅籠。食売女は本来、宿屋で客に給仕する女性だが、実態は遊女であった。

＊弾正日待ち

18世紀前半には、旅籠1軒に食売女ひとりという決まりだったが、明和元年（1764）8月7日、時の道中奉行安藤《あんどう》弾正少弼惟要《だんじょうしょうひつこれとし》は宿名主らの陳情を受けて人数を改定。これによりいっそうの繁栄をみた品川宿では、感謝の意味で、8月7日に安藤弾正の肖像画に供え物をして祀った。

【品川遊里「南国《みなみ》」】江戸城の北に位置する吉原が「北国《ほっこく》」と呼ばれたのに対し、品川の遊里は「南国」と呼ばれた。海の見える2階座敷での遊興の様子。鳥居清長《とりいきよなが》『美南見《みなみ》十二候《じゅうにこう》　品川沖《しながわおき》の汐干《しおひ》』東京国立博物館・たばこと塩の博物館

遊ばしていただくには、どのくらい用意すればいいですかねえ？　揚げ代が五〇〇から七〇〇文ですね。酒肴がざっと四、五〇〇文でしょう。番頭さんや仲居さんのご祝儀も忘れちゃいけないし、一貫二、三〇〇文はかかる勘定ですね。

一晩で金一分がとこは飛んでいくと。まだまだ旅をつづけなきゃならないし、なんだか気持ちが萎《な》えちまうなあ。

おねえさん、品川宿には＊浪花講《なにわこう》の宿はございますか？　そうですか、南品川に一軒だけですか。それじゃあ、そこに泊めてもらおうかな。それじゃ、つまらないでしょうって。それはそうなんですが、懐の具合もありますしね。

なるほど、それはいい思案かもしれないな。平旅籠に荷を解いて、それからどうするか考える。結構でしょう。北品川まで行けばいいんですね。では早速、腰をあげるとするか。

おねえさん、お代はここにおきますよ。いろいろ話を聞かせてくれて、ありがとうよ。

＊浪花講
大坂の商人が「行商で安心して泊まれる宿を」と着想し、文化元年（１８０４）に江戸の商人と一緒に講元となって結成した旅籠組合。全国の優良旅籠を指定して看板を掲げさせ、旅人は講から発行された講員の証の木札を持参した。浪花講の宿では食売女・賭博は禁止で、女性や喧噪を嫌う客には好評だった。のちに「三都講《さんとこう》」「東講《あずまこう》」などの同様の組織もつくられた。

【品川宿の宿並《しゅくな》み（模型）】弘化2年（1845）ごろの絵図などを参考に、目《め》黒川《ぐろがわ》を中心にした500m分の宿並みを50分の1で復元したもの。店内や人物もこまかくつくられ、江戸時代の品川宿がいきいきと再現されている。品川歴史館

いやあ、話には聞いたが、ほんとうに食売旅籠がつづくなあ。しかも、旅籠屋というよりは妓楼《ぎろう》じゃないか。きっと夕方になると張見世《はりみせ》が出るんだろうな。

左手に海鼠壁《なまこかべ》の建物がある。やけに大きいな。ここも食売旅籠なんだろう、相模屋《さがみや》とある。

おっ、こっちにあるのは地味な旅籠屋だな。ここにしよう。

ごめんなさいよ。

まずは旅籠へ

これはこれは、いらっしゃいませ。お早いお着きで。お泊まりですか。ささ、こちらへどうぞ。

おーい、お客様だよ。濯《すす》ぎを早くお持ちしなさい。

どうもあまり旅慣れたお人じゃなさそうだな。

ささ、どうぞ階段を上っていただいて、こちらのお部屋がよろしいと存じます。こう障子を開けますと、品川《しながわ》の海も見えますんで。

お疲れのところ申し訳ありませんが、宿帳にご

【昭和初期の相模屋《さがみや》】歩行新宿《かちしんじゅく》（北品川）にあった食売旅籠《めしうりはたご》で、土蔵のような海鼠壁《なまこかべ》から「土《ど》蔵相模《ぞうさがみ》」の名がある。幕末・維新の歴史の舞台ともなったが、昭和52年（1977）に取り壊された。

■左ページ図版

【参勤交代《さんきんこうたい》の大名行列】大きく湾曲して描かれた東海道を、画面奥の品川宿から手前の高輪大木戸《たかなわおおきど》まで、大名行列が延々とつづいている。道のわきでは、旅人や街道沿いの家の人たちが神妙に見送っている。よほどの大藩と思われ、通り過ぎるのを待つのも大変だったろう。橋本貞秀《はしもとさだひで》『東海道高輪風景《とうかいどうたかなわふうけい》』品川歴史館

記帳をお願いします。これから、どちらへまわられますか？　ほう、お伊勢《いせ》さんですか。私も一度だけお参りしたことがございますよ。

お客様、品川ははじめてですか。ずいぶんと繁華な宿場でございましょう。お邪魔かと思いますが、少し品川のことをお話しさせてください。どうせ、夜のお楽しみまでは時間がございます。

宿場の繁栄は参勤交代から

*品川《しながわ》の宿場は一九町以上の町並みに、家数も一五〇〇軒以上ございます。ですから、ここで暮らすお人も六〇〇〇人からいるんですよ。お客様は着いたばかりで、お気づきかどうかわかりませんが、江戸の町と違うのは、*女子衆《おなごしゅう》が多いことですな。ほとんど*男衆と同じくらいになります。

もともと品川宿は、東海道《とうかいどう》が整えられました慶《けい》長《ちょう》6年（1601）に始まるといわれてます。御《ご》公儀《こうぎ》の荷物を運ぶのに便利なように、人馬をお出しせよ、そのかわり年貢を免除してやる、という

＊品川宿

品川区北品川・南品川。目黒川を境にする北品川宿と南品川宿とで、ひとつの宿場の機能を果たしていたが、北品川の北に新町ができ、これが歩行新宿《かちしんじゅく》となって加えられた。日本橋から約8㎞、宿並みは南北およそ2㎞あまり。

＊女子衆・男衆

町奉行所管轄内の江戸町人の人口における男女比は、享保6年（1721）では50万1394人のうち、女35・5％、男64・5％。天保3年（1832）では、54万5623人のうち、女45・5％、男54・5％。幕末に近くなるほど、男女比は縮まった。

わけですね。

　当初は、地子《じし》（年貢）免除の土地五〇〇〇坪に対して、駅馬三六疋《ぴき》の負担でした。今では一万五〇〇〇坪をいただいて、馬一〇〇疋と人足一〇〇人がお定めです。ご覧になっておわかりでしょうが、そんなものじゃ足りません。それで、ずいぶん離れた村々からも*助郷《すけごう》が来ております。定助郷《じょうすけごう》が一六か村、加助郷《かすけごう》が二八か村もございます。

　江戸には「四宿《ししゅく》」といいまして、この品川のほかに、中山道《なかせんどう》の板橋宿《いたばしじゅく》、日光《にっこう》・奥州《おうしゅう》道中の千住《せんじゅ》宿《じゅく》、甲州《こうしゅう》道中の内藤新宿《ないとうしんじゅく》がありますが、宿場が繁華になったのは、御公儀が始めた参勤交代の制が大きいですね。御公儀の方だけじゃなく、お大名方の行列がお泊まりになるわけですから。

　行列には、一応お定めがありまして、二〇万石以上のお殿様ですと、馬上のお侍が一五から二〇騎、足軽《あしがる》が一二〇から一三〇人、中間《ちゅうげん》・人足が二五〇から三〇〇人となってます。

　もっとも、お定めではそうなっていても、加賀《かが》

＊助郷
各宿駅で常備している人馬が不足した場合、近隣の村が提供して補助する課役。この村および制度を「助郷」という。この村定助郷は宿駅近隣の10〜20村からなる基本的な助郷で、加助郷は範囲を拡大したもの。

【品川宿のにぎわい】2階の手すりに女たちがもたれている食売旅籠や、街道を行き交う人々など、品川宿のにぎわっている様子が描かれている。幕末の安政元年（1854）春ごろの風景とされる。『幕末風俗図巻《ばくまつふうぞくずかん》』品川宿之図《しながわしゅくのず》 神戸市立博物館

のお殿様や伊達《だて》のお殿様は三〇〇〇人以上のお行列になるそうで、大変な費《つい》えですし、お泊まりになる宿場の衆も大変です。そこへいくと、一万石のお大名はせいぜいが四、五〇人ですから、天と地ほども違いがあります。

食売旅籠のお客とは

以前は、ここ品川《しながわ》の宿にお泊まりになるお殿様も多かったのですが、もう江戸も間近ですので、昼食をとられて江戸へ入る行列がほとんどです。

それで、品川宿に落ちるお金が減ってしまいましてね、本陣《ほんじん》を運営するのも苦しくなってしまいました。以前には、本陣は北品川と南品川の両方にあったんですが、そんなわけで今は北品川にあるだけです。

お大名方のお供衆が泊まるときの賃銭は、お客様のような方の六割くらいしかいただけない。これじゃやっていけません。

そこで、食売旅籠《めしうりはたご》を増やしていただいた次第で、

【品川宿の本陣《ほんじん》（模型）】北品川宿に1軒だけ残った本陣で、文化9年（1812）に再建された当時の建物を30分の1で復元したもの。跡地は現在、品川聖蹟公園となっている。品川歴史館

【品川宿の美女】品川宿の旅籠は、食売女《めしうりおんな》（飯盛女）をおく食売旅籠がほとんどで、最盛期には1000人を超える食売女がいた。吉原に対抗して美女も多かったと思われる。歌川豊国《うたがわとよくに》『江戸《えど》名所百人美女《めいしょひゃくにんびじょ》　品川歩行新宿《しながわかちしんじゅく》』品川歴史館

私どものような平旅籠のほうが少なくなってしまいました。食売旅籠は、旅籠とはいってますが、実際には吉原の妓楼と変わるもんじゃございません。こちらにいらっしゃる途中でご覧になったでしょうが、土蔵相模《どぞうさがみ》なんて立派なのもございます。*張見世《はりみせ》もあるんですから。

客人も旅の人ばかりじゃありません。お客様は、「品川の客にんべんのあるとなし」という川柳《せんりゅう》をご存じですか。江戸の南側に多いのが、お大名の下屋敷とお寺さんです。ですから、にんべんのあるのが「侍」で、ないのが「寺」ということになります。

まあ、勤番のお侍は、お国に奥様をおいてらっしゃる方や、独り身の方が多いから仕方もございませんが、お寺様はどんなもんでしょう。なかには堂々と「*大黒《だいこく》様」と称して、妻帯同然の方もいらっしゃるとか、うかがいますしね。もっとも、どちらもこの宿場にとっては大事なお客様だから、文句をいっちゃ罰が当たるかもしれません。

＊張見世→p112

＊大黒
大黒天は台所に祀《まつ》られたところから、寺院の飯炊き女をいい、また僧侶の妻や私妾をもいうようになった。

御殿山と問答河岸

ところでお客様、少し表を歩いてみませんか。宿場をご案内いたしましょう。

江戸のほうから来ますと、まず歩《か》行新宿《ちしんじゅく》に入りますが、右手に＊御《ご》殿山《てんやま》がございましたでしょう。昔、将軍様の鷹《たか》狩りの際に休息所が置かれたせいで、その名前がついたそうですが、今じゃすっかり花見の名所です。あの吉野《よしの》山《やま》からもってきた桜が始まりだそうですから、由緒もあるわけで、品川の人間にとっては誉れです。

そうそう、歩行新宿はね、もともとは品川宿《しながわじゅく》には入ってなかったんです。それが、いつのまにか茶店や旅籠屋《はたごや》が増えまして、享保《きょうほう》7年（1722）から品川宿の一部になったんですよ。以前から歩《か》行《ち》役《やく》のほとんどがここの人たちだったから、「歩行」とついたんです。

品川宿の特徴のひとつが海に近いことです。歩行新宿の二丁目に浜道《はまみち》という横町がございますが、

＊御殿山
北品川宿の西方、現在の北品川4丁目あたりの小高い丘が御殿山。将軍の休息所だった品川御殿は、元禄15年（1702）の江戸の大火で焼失。その後、奈良の吉野山から桜を移植して花見の名所となったが、幕末には品川台場の建設のために一部が切り崩され、また英国公使館がつくられた。明治時代になると鉄道が貫通し、しだいに縮小して邸宅地となった。

＊沢庵禅師
1573〜1645。沢庵宗《たくあんそう》彭《ほう》という。京都大徳寺《だいとくじ》に学ん

■右ページ図版

【御殿山《ごてんやま》の花見】江戸時代には、桜の名所として花見遊山の人でにぎわった御殿山。桜の下で浮かれ興じるさまは、現代でもおなじみの花見の光景。渓斎英泉《けいさいえいせん》『江戸御殿山《えどごてんやま》桜盛之風景《さくらざかりのふうけい》』 品川歴史館

【品川の海】別名「竪絵東海道《たてえとうかいどう》」の御殿山から見た品川宿と朝焼けの海。嘉永6年(1853)、アメリカのペリー来航を機に、防衛対策として品川沖に台場《だいば》(砲台)を築いた。台場は品川の新しい名所となり、画面中ほどの白帆の船の左右にも、堤防のように見える台場が描かれている。歌川広重《うたがわひろしげ》『五十三次名所図会《ごじゅうさんつぎめいしょずえ》 品川《しながわ》 御殿山《ごてんやま》より駅《えき》中《ちゅう》を見る』 品川歴史館

その先が有名な問答河岸《もんどうがし》です。

なんでも、3代将軍の家光《いえみつ》様が東海寺《とうかいじ》に*沢庵禅《たくあんぜん》師《じ》を訪ねたときに、「海近くして東(遠)海寺とはこれいかに」と問いかけましてな。これに沢庵禅師が、「大軍を率いても将(小)軍というがごとし」と答えたんだそうです。くだらない駄じゃれですが、将軍様と沢庵禅師が親しかったから、できたんでしょうね。

品川宿は海とともに

将軍家との関係でいえば、品川《しながわ》には江戸城に魚を納める浦がありましてね、猟師町《りょうしまち》というのですが、江戸の金杉《かなすぎ》や本芝《ほんしば》などと並んで、*御菜八《おさいはち》か浦《うら》のひとつになってます。それだけいい魚が獲《と》れるわけだし、浜から揚がったのをすぐ食べられるというので、江戸からわざわざ魚を食べにくるお方もいるんですよ。そんな方たちのために、料理屋も上等なのがございます。

ご覧のとおり、品川の海はきれいでございまし

でその住持となったが、寛永4年(1627)に幕府の許可なく朝廷が高僧に紫衣《しえ》の着用を認めた「紫衣事件」で、幕府を批判して山形へ流罪となった。のちに許されて、3代将軍家光に重用され、品川東海寺《とうかいじ》の開山となった。吉川英治《よしかわえいじ》の小説『宮本武蔵《みやもとむさし》』でもおなじみ。

＊御菜八か浦
江戸湾に臨む、本芝浦・金杉浦(以上、港区)・品川浦＝南品川猟師町・大井御林浦《おおいおはやしうら》＝大井御林猟師町(以上、品川区)・羽田浦(大田区)・生麦《なまむぎ》浦《うら》・新宿浦・神奈川浦(以上、横浜市)の、8つの漁業専業の集落をいう。税や漁場などで特権を与えられ、保護されていた。収穫した魚介類は、一部は「御菜肴《おさいさかな》」として将軍へ献上されたが、多くは魚問屋によって売りさばかれた。

【品川の天王祭《てんのうさい》】 品川宿の夏の祭りで、南北の両天王祭が同時期に行なわれた。南品川のお神輿は海中渡御《とぎょ》を行なうので、「かっぱまつり」とも呼ばれる。現在は6月の7日に近い金曜から日曜にかけて行なわれる。『江戸名所図会《えどめいしょずえ》』品川牛頭天王御輿洗《しながわごずてんのうみこしあらい》の図』
江戸東京博物館

ょう。朝焼けの海に白帆が浮かんでるなんてのは、絶景です。浮世絵にも、品川といえばたいてい海の景色が描かれています。

品川の海には、もうひとつ名物がございます。じつは＊浅草海苔《あさくさのり》なんですよ。羽田《はねだ》から品川の海にかけて、筏《いかだ》のようなものがたくさんございましょう。「海苔ひび」といいまして、あの間に渡した網のようなものに海苔が育ちます。売られるときは、浅草のほうに運ばれてしまいますがね。

3月には海辺が人でにぎわいます。大潮をねらっての潮干狩りが盛んなんですよ。

品川の宿がいちばん沸き立つのは、6月の天王《てんのう》祭《さい》でしょうねえ。北品川の牛頭天王《ごずてんのう》（品川神社）は東海寺《とうかいじ》の鎮守様でもあります。南品川の牛頭天王は貴布禰《きぶね》神社（荏原《えばら》神社）で、南と北と同時に祭礼が始まります。北品川では千貫神輿《せんがんみこし》が練り歩きますし、南品川ではお神輿《みこし》を海に担ぎ入れるんですが、「ナンタア」「サアイ」の掛け声も勇壮なものです。

＊浅草海苔
海苔ひびを使った養殖は、延宝（1673〜81）ごろに品川で始まったといわれる。浅草では享保（1716〜36）ごろに、品川から生海苔を取り寄せて、紙漉《す》きのような方法で干し海苔がつくられるようになった。この製法は品川へ伝わり、のちにはすべて品川で製品化されて浅草へ運ばれ、江戸名物「浅草海苔」の名で売られた。

【街道の問屋場《といやば》】東海道の藤枝宿《ふじえだじゅく》（静岡県）の問屋場で、人足と馬が交代しているところ。荷物の引き継ぎは、監視のもとで行なわれる。歌川広重『東海道五十三次《とうかいどうごじゅうさんつぎ》　藤枝《ふじえだ》』山口県立萩美術館・浦上記念館

その両方のお神輿が出会うのが、ほら、この*目《め》黒川《ぐろがわ》に架かる境橋《さかいばし》（品川橋）です。お神輿が行き会うので行合橋《いきあいばし》ともいいますが、南北の品川の境という意味の境橋のほうがふつうです。

橋を渡ってすぐにあるのが、脇本陣《わきほんじん》の百足屋《むかでや》さんです。品川の脇本陣は、歩行新宿とここの二軒です。本陣がいっぱいのときにご利用いただくんですが、暇なときはふつうの方というか、お客様のような方でも泊まれます。

南品川の先は鈴ヶ森

どうです、南品川《みなみしながわ》に入るとちょっと落ち着いた感じになるでしょう。でも、本来の宿場らしいのはこちらのほうです。

といいますのも、宿場は*人馬の継立《つぎた》てが本来の役割でして、それを担っているのが問屋場《といやば》です。その問屋場が南品川にあるんですよ。ここで馬や人足の手配をするわけです。

参勤交代のお大名や公用のお役人の荷物は、お

＊目黒川
品川宿を南北に分ける目黒川は、川幅が狭く水深が浅いため、大雨が降ると氾濫しやすかった。品川3宿と周辺の村では共同で川浚《かわさら》えをして、これに対処した。大正時代になると、この治水と運河計画を兼ねて、川の付け替え工事が計画され、第一京浜国道に架かる東海橋から下流は、東京湾にまっすぐ注ぐようになった。これにより、かつて荏原神社の北側を流れていた川筋は南側へ移り、南品川の鎮守としては微妙な立地になってしまった。

＊人馬の継立て
街道の宿駅からつぎの宿駅まで旅人や荷物を運ぶのに、宿駅の問屋場で人足や馬が交代して、荷物や旅人の引き継ぎをすること。

【鈴《すず》ヶ森《もり》刑場跡】品川区南大井。旧東海道と第一京浜が合流するところにあり、現在は大経寺《だいきょうじ》が建っている。死罪になった罪人の磔《はりつけ》・火刑が執行されたほか、獄門《ごくもん》（さらし首の刑）の首がさらされた。刑場の北、立会川《たちあいがわ》に架かる浜川橋《はまかわばし》は、罪人が家族らと最後の別れをしたところから、「なみだ橋」と呼ばれた。

定めの賃銭が決まっています。その重さや数がきちんと守られているかどうか、確かめるための貫《かん》目改所《めあらためじょ》も一緒にあります。

お泊まりになるお殿様が少なくなったとはいえ、お大名の六割くらいは品川宿をご利用なさいますから、問屋場は忙しいし、負担も大変です。

この南品川を抜けると寺町がつづきますが、それを抜けてしばらく行くと鈴《すず》ヶ森《もり》の刑場です。慶《けい》安《あん》4年（1651）からあるといいますから、ずいぶん昔になります。ここでは、*天一坊《てんいちぼう》や*八百屋お七《しち》などが処刑されたそうです。江戸の北の出入り口の千住《せんじゅ》近くにも、小塚《こづか》ッ原《ぱら》の刑場があるので、対《つい》になった感じですね。

まあ、こんなところで私の品川宿のご案内はおしまいです。

ゆるゆると宿に戻るといたしましょう。夜のお楽しみはご案内できませんので、悪《あ》しからず。ただ、あの世界でいちばん嫌われるのはケチですから、できればきれいな遊び方をしてくださいよ。

＊天一坊
?〜1729。8代将軍吉宗《よしむね》のご落胤《らくいん》と自称して、浪人を集めていた天一坊改行《かいぎょう》という山伏で、捕らえられて獄門に処せられた。大岡越前守《おおおかえちぜんのかみ》の名裁きに結びつけられて、講談や歌舞伎に取り上げられた（→p56）。

＊八百屋お七
?〜1683。井原西鶴《いはらさいかく》の『好色五人女《こうしょくごにんおんな》』や浄瑠璃《じょうるり》・歌舞伎のヒロインとして有名。巷説によると、火事をきっかけに寺小姓と恋仲になり、男に会いたい一心で放火をして捕らえられ、鈴ヶ森で火刑に処せられた。

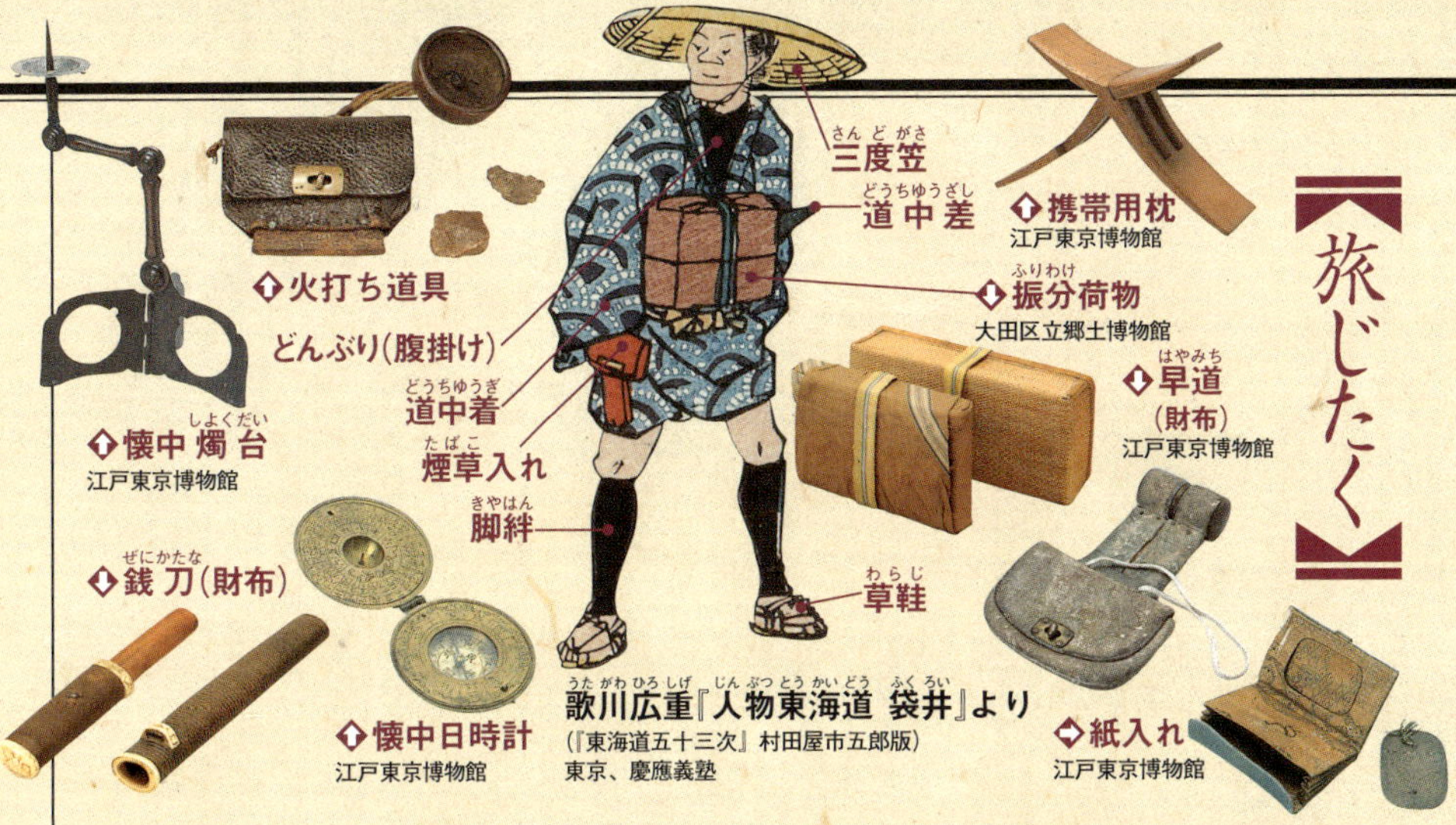

歌川広重《うたがわひろしげ》『人物東海道《じんぶつとうかいどう》 袋井《ふくろい》』より
（『東海道五十三次』村田屋市五郎版）
東京、慶應義塾

【旅じたく】

◆旅の荷物は少なく

江戸時代は、現代人が想像するよりはるかに多くの人々が、旅行に出かけていた。その証拠に、旅行に出る人々を対象にしたガイドブックの類や、旅行の心得を説いた本が出版されていた。

それらのひとつに『旅行用心集』がある。それによると、携行品はなるべく少なくするように説いている。いろいろなものを持ち歩くと、忘れ物が増えるだけだというのである。

逆に、必ず携帯すべきものとしてあげられているのは、矢立《やたて》（筆記用具）、扇子《せんす》、糸・針、懐中鏡、日記手帳、櫛《くし》と鬢付油《びんつけあぶら》である。櫛は、城下や関所を通るときの身だしなみのためである。ちなみに剃刀《かみそり》は宿で借りろという。

◆旅のお役立ちグッズ

つぎに必要なのは、提灯《ちょうちん》、蠟燭《ろうそく》、火《ひ》打《う》ち道具、付木《つけぎ》である。煙草《たばこ》を吸う人はもちろんだが、旅籠《はたご》の行灯《あんどん》は消えやすいので必携だとある。

おもしろいのは、麻綱である。これは、旅館で荷物をひとまとめにするのに便利だというのだが、別の本では、鴨居《かもい》に掛けて、手ぬぐいその他の品々をぶら下げておくといいともある。洗濯物を掛けるにも便利だったはずだ。

「印板」も持っていけという。旅行中に身分証明が必要になるのは、たとえば両替《りょうがえ》商で為替を換金するときとされている。それだけ為替制度が発達していたわけだ。

薬も必需品である。腹痛を意味する癪《しゃく》、気付け、切り傷や腫《は》れ物の薬の携行を勧めている。

すべてが歩行の旅では、できるだけ荷物を減らして負担を軽くし、なおかつ必要なものは忘れずにという心がけが、全体を通して読みとれる。

通行証である手形類を準備する必要があるのは、いうまでもないことだ。

【江戸切絵図】

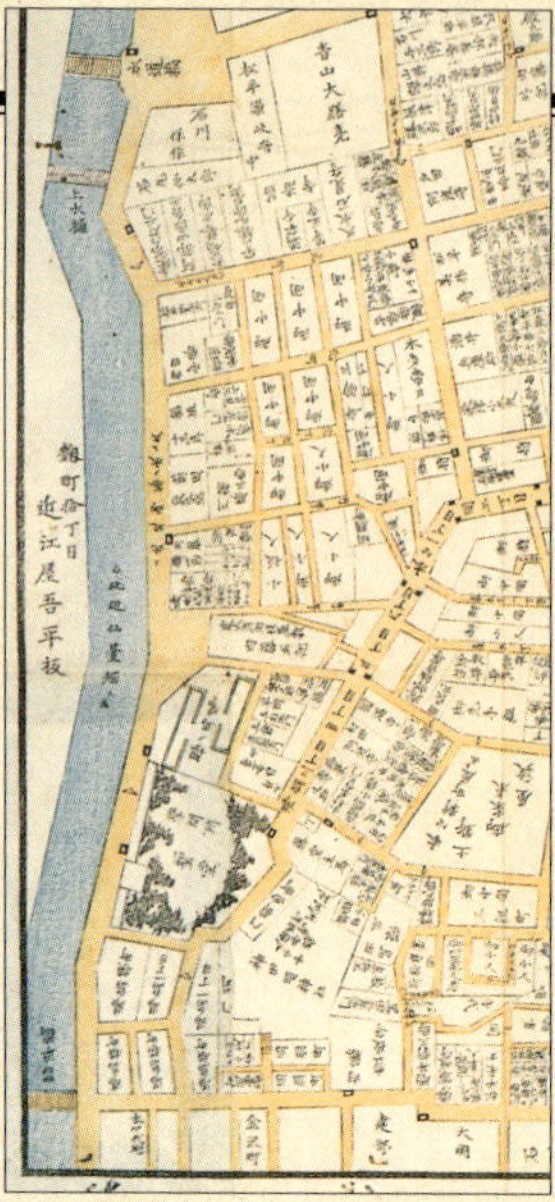

【近江屋《おうみや》（近吾堂《きんごどう》）板《ばん》の切絵図《きりえず》】『谷中本郷《やなかほんごう》駒込《こまごめ》小石川辺絵図《こいしかわへんえず》』東京大学総合図書館

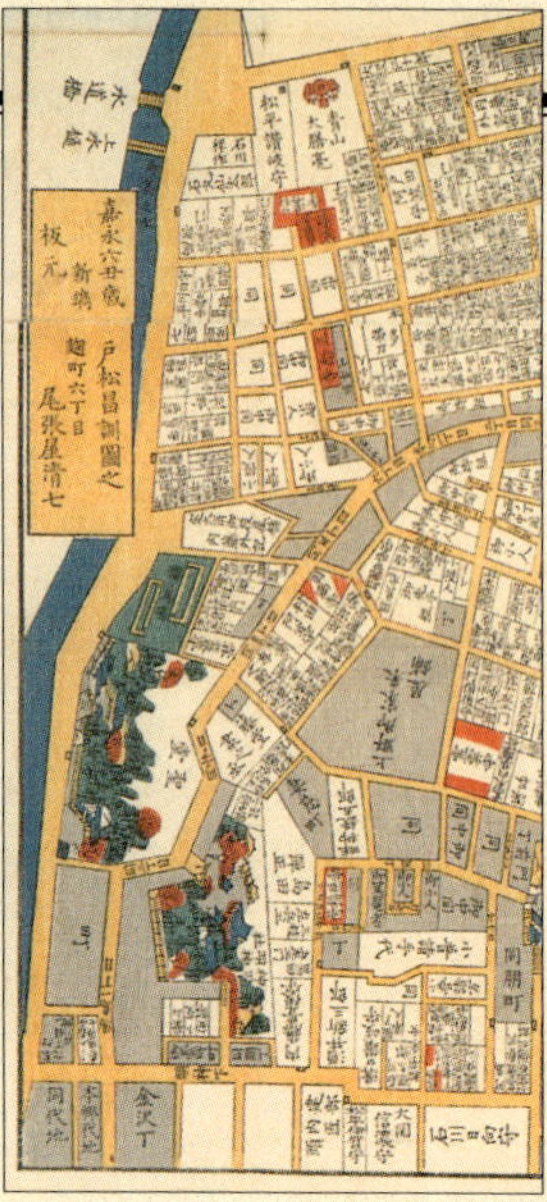

【尾張屋《おわりや》板《ばん》の切絵図《きりえず》】『小石川谷中本郷絵図《こいしかわやなかほんごうえず》』東京大学総合図書館

◆利点は大地図にない詳細さ

現代の東京から、「大江戸八百八町」の当時をしのぶのは難しいが、江戸の町並みをつぶさに知るよすがに、「江戸切絵図」がある。

切絵図は一枚ずつ独立した小図なので、携帯に便利。実測図ではないが、道や建物が細部まで描き込まれている。

切絵図の始めは、宝暦《ほうれき》5年（1755）に書肆《しょし》の吉文字《きちもんじ》屋《や》と美濃屋《みのや》が合同で出板した「番町絵図《ばんちょうえず》」。番町は大名・旗本などの武家屋敷が多く、表札などはないので、どれが誰の屋敷かわかるものが必要とされた。板元《はんもと》はシリーズ化をめざしたが、八枚ほどで頓挫《とんざ》している。

次いで切絵図出板に立ち上がったのは、近江屋五平《おうみやごへい》という荒物屋《あらものや》の店主。未完も含め、吉文字屋・美濃屋板絵図の株（板木と板権）が書肆の須原屋《すはらや》所有となったため、ほかの書肆は同じ形式の絵図を出せなかったが、天保《てんぽう》の改革（1841〜43）によって株仲間が解散し、素人でも板行が可能になった。九〇年ほど前の切絵図を手に入れた近江屋は、これの復刻を願い出て、弘化《こうか》3年（1846）に「番町絵図」を銀一匁《もんめ》で売り出した。

近江屋（近吾堂《きんごどう》）に次いで切絵図を手がけたのは、絵草紙屋《えぞうしや》の尾張屋《おわりや》（金鱗堂《きんりんどう》）で、嘉永《かえい》2年（1849）から近江屋同様、三〇数枚の絵図を板行した。カラフルなイラストマップの趣で人気が高く、ロングセラーとなり、残っているものも多いので、今日、切絵図というと、この尾張屋板を指すほど。

なお、江戸時代の地図で屋敷名などの文字の向きがまちまちなのは、文字の頭が門や入り口を示すため。

江戸時代の日本の各地

「入り鉄砲に出女」で名高い箱根の関、「天下の台所」の中心大坂堂島、新時代の人材を輩出した大坂適塾と萩松下村塾、海外との窓口だった長崎出島、幕府直轄領を治めた高山陣屋、総合的教育をめざした藩校会津日新館、幕末維新の最後の戦場箱館五稜郭――九州から北海道まで、八つの場所に見る江戸時代の様子。

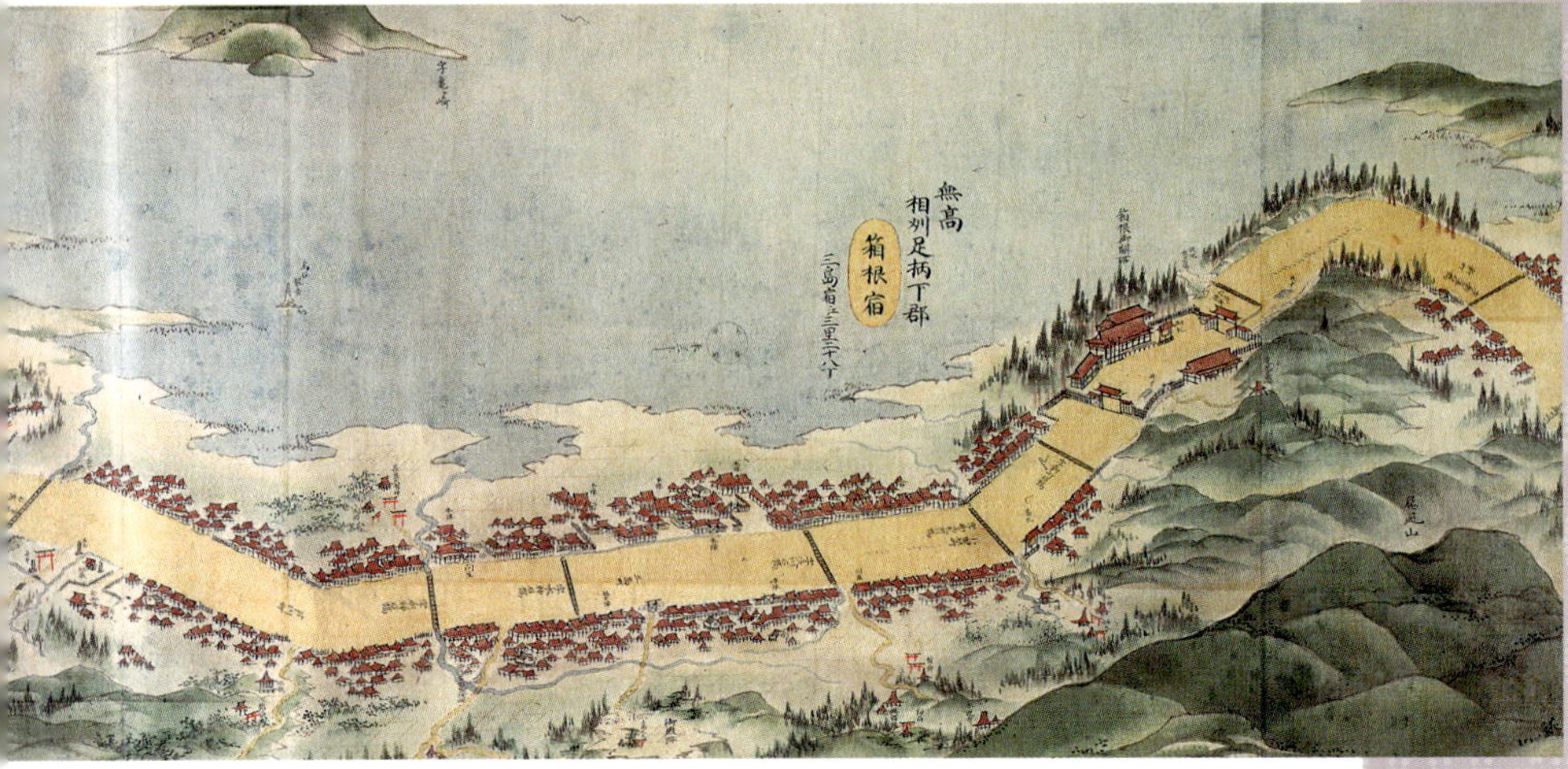

箱根の関にて

「入り鉄砲に出女」*

関所の歴史は古く、古代から存在するが、その目的や性格は時代とともに変化している。江戸時代に幕府が設けた関所の性格については、さまざまな説があるが、もともとは江戸を防衛するための軍事的な性格から、しだいに治安警察的な性格を強めていったと考えられる。

箱根《はこね》（神奈川県）に関所が設けられたのは、元和《げんな》4年（1618）のことで、芦《あし》ノ湖《こ》畔に小田《おだ》原《わら》・三島《みしま》宿から各五〇戸を移住させて、新しい宿場をつくったことに始まる。翌年には宿場の東側、現在の関所跡に移設した。

箱根宿は、天保《てんぽう》14年（1843）の記録では、本陣《ほんじん》が六軒、脇本陣《わきほんじん》が一軒、旅籠屋《はたごや》が七二軒あり、八四四人が暮らしていた。

箱根は東海道中でもっとも峻険《しゅんけん》な山であり、江

＊「入り鉄砲に出女」江戸へ入る鉄砲と、江戸を出て地方へ下る女性に対して、とくに厳しく関所改めが行なわれたことをいう。鉄砲は防衛上で、女性は人質として江戸に居住させた諸大名の妻女らの逃亡を阻止するため。「入り鉄砲」には鉄砲手形、「出女」には女手形が必要だが、その逆は必要なかった。

■右ページ図版

【箱根宿と箱根の関所】「箱根八里」の中間にあたる芦ノ湖畔にのびる宿並みの右端に、木立を背にした矩形《くけい》の関所がある。『五海道《ごかいどう》其外延絵図《そのほかのべえず》　東海道《とうかいどう》』東京国立博物館

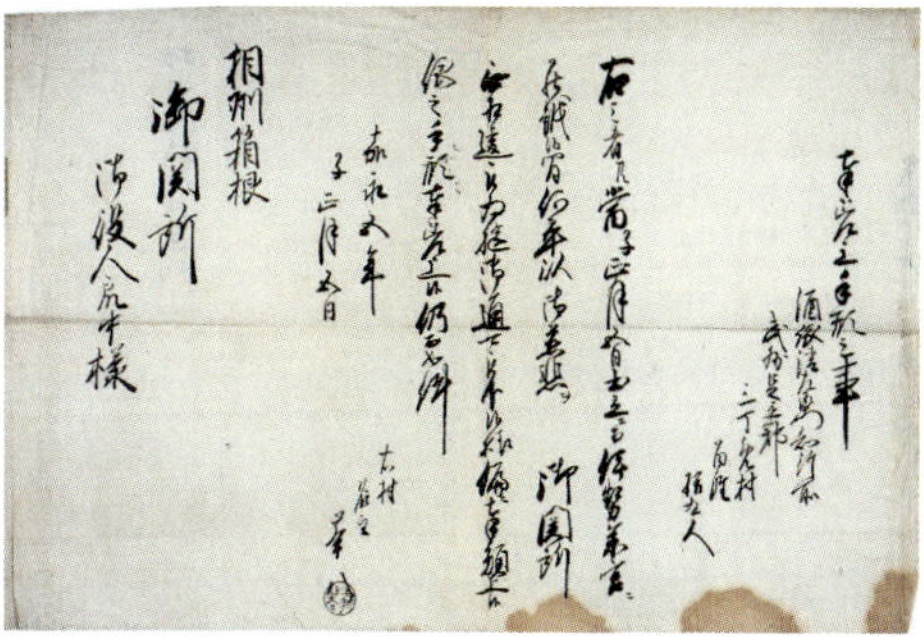

【関所手形】関所を通るのに必要な通行許可願い書。これは幕末時に、伊勢参りに行く人たちが箱根の関所に提出したもの。江戸東京博物館

戸の西側を防衛するのに適した位置にあった。

　箱根の関で重要視されたのが、よく知られている「入り鉄砲に出女《でおんな》」であるが、幕藩体制の安定化により、寛永《かんえい》10年（1633）には「鉄砲改め」は省略されるようになった。

　関所の役人はすべて小田原藩士で、貞享《じょうきょう》3年（1686）の段階では番頭《ばんがしら》一、平番士《ひらばんし》三、小頭《こがしら》一、足軽《あしがる》一〇、定番《じょうばん》三、中間《ちゅうげん》二人で構成され、さらに女性の旅人を調べる＊人見女《ひとみおんな》二人が加わる。

　このうち定番と人見女は、箱根宿に居住するものたちである。経費は幕府が負担した。

　関所の機能は、箱根を本関として、脇道の根府《ねぶ》川《かわ》、仙石原《せんごくはら》、矢倉沢《やぐらざわ》、川村《かわむら》、谷ケ村《やがむら》の裏関が補完している。

　また、関所の周辺の山は地元の人も立ち入りを禁止され、屛風山《びょうぶやま》などに＊遠見《とおみ》番所が置かれて、関所破りに対する警備は厳重をきわめた。

　関所破りは極刑ではあったが、記録されているものはきわめて少ない。なかでは、元禄《げんろく》15年（1

＊人見女
女性の旅人は、関所手形に記載された身体の特徴と相違がないか、髪をといてまで調べられた。これにあたったのが人見女で、箱根の関所にはふたりいた。

＊遠見番所
芦ノ湖を船で通行することも禁止されていたので、関所裏手の屛風山につくられた番所に足軽が昼夜交代で詰め、見張っていた。

【関所改めを受ける旅人】旅人は箱根の関所の大番所の縁先で、往来手形の記載と相違ないか吟味を受けたのちに、関所を通行することができた。葛飾北斎《かつしかほくさい》『箱根関所《はこねのせきしょ》』東京、慶應義塾

702）に伊豆から江戸に奉公に出ていたお玉という女性が、故郷に戻ろうとして屏風山を越えようとしたところを見つかり、死罪に処せられている。彼女の首を洗ったという池は「お玉ヶ《たまが》池《いけ》」と名付けられている。

しかし、小田原藩の方針として、未遂犯に関しては「藪入《やぶい》り」と称し、道に迷ったものと見なして、藩領外に追放する措置をとっていた。

*往来手形と女手形

関所が開けられるのは明け六つから暮れ六つまで。この間、通行する女性を中心に、厳密な往来手形・関所手形との照合が行なわれた。

往来手形を発行するのは、一般庶民の場合、自分の檀那《だんな》寺《でら》もしくは名主（庄屋）・組頭《くみがしら》である。手形には所有者の住所・氏名、女性の場合は戸主との続柄、発行した寺の檀家であること、旅行の目的が記されていた。

さらに、途中で行き倒れたときは旅宿の世話を、

＊往来手形と女手形
一般庶民が旅行する際に、必ず所持しなければならなかったのが往来手形で、現代のパスポートに相当するもの。これとは別に、関所を通る際に必要なのが関所手形で、通過する関所ごとに提出した。「出女」に対する警戒から、江戸から出る女性は身分にかかわりなく、「女手形」と呼ばれる関所手形を必要とした。男性の場合は往来手形だけでもよく、箱根など重要な関所でも簡単なものですんだ。関所手形の書式や発行手続きは、文久3年（1863）以降は簡略化したが、男性にも必要になった。

【復元された箱根の関所】旅人の取り調べが行なわれた大番所の建物。芦ノ湖に面した側は役人の日常生活にあてられた。箱根関所資料館

病死などの場合は、その土地の習慣での処置を依頼し、ついでの折に連絡してくれるように書いてある。

女性の場合は、往来手形とは別に関所ごとの手形も必要であり、身体の特徴なども調べられた。江戸の各藩邸の女性が旅に出るには、この女手形を幕府留守居《るすい》に発行してもらう必要があった。

女性が江戸を出ることに厳しいチェックが行なわれたのは、確保した大名の証人（人質）の逃亡を恐れたためである。

こうした関所は、箱根《はこね》に限らず、主要街道に設けられ、その重要度によって「重き関所」と「軽き関所」とに分けられ、全国に五三を数えた。江戸の周囲には、*金町松戸《かなまちまつど》、多摩《たま》の*小仏《こぼとけ》（駒木野《こまぎの》）、下総《しもうさ》の*関宿《せきやど》などの「重き関所」が配せられている。

また、同じ目的で海路のチェックも行なわれており、当初は伊豆の*下田《しもだ》番所が使用されたが、享保《きょうほう》5年（1720）以降は相模《さがみ》の*浦賀《うらが》番所がその役割を担った。

*金町松戸関所
現在の葛飾区東金町にあった。

*小仏関所
正式には駒木野関所といい、現在の東京都八王子市と神奈川県相模原市の間で、高尾山《さん》麓《ろく》にあった。

*関宿関所
現在の千葉県野田市関宿町にあった。

*下田番所
静岡県下田市の下田港におかれた。

*浦賀番所
現在の神奈川県横須賀市におかれた。

大坂堂島にて

「堂島」といえば「米市場」

大坂の堂島《どうじま》は、現在の堂島川の北岸一帯にあたる。もとは堂島川と曾根崎川《そねざきがわ》（大正期〈1912〜26〉に埋立てで消滅）に挟まれた中洲《なかす》であった。この地域は、貞享《じょうきょう》2年（1685）に*河村瑞賢《かわむらずいけん》の曾根崎川改修によって整備され、元禄《げんろく》元年（1688）には町割りが実施された。その際、繁栄策として、茶屋・煮売屋《にうりや》・風呂屋・湯屋の株が認可され、遊興の町として発展を見せた。

元禄10年に、対岸の中之島《なかのしま》から米市場が移転し、以降、江戸時代を通じて、堂島といえば米市場を意味するようになった。天満《てんま》の青物市場、雑喉場《ざこば》の魚市場と並ぶ大坂の三大市場と称せられた。

大坂は水運の便利さから物資の集散地として栄えた。各藩は*蔵屋敷を設置し、自国産品を現銀化した。その多くが年貢米であり、大坂は江戸時代

*河村瑞賢
1618〜99。瑞軒とも書く。伊勢出身の材木商で、明暦の大火（1657）で巨利を得たという。幕領米の廻送や物資の流通のために、東廻り・西廻り航路の整備を幕府から命じられた。また、淀川・大和川治水のために安治《あじ》川《がわ》を開削し、流路を直線化したので市中への水運が容易になり、中之島や堂島の繁栄につながった。

*蔵屋敷
幕府や大名・旗本などが、年貢米や特産品を売りさばくために江戸・大坂・長崎などに構えた屋敷。大坂がもっとも多く、天保期（1830〜44）には120余あった。

【堂島の米市場】画面中央あたりでは、熱気を冷ますように、仲買人たちに水をまいて取り引きの終了を知らせている。『摂津《せっつ》名所《めいしょ》図会《ずえ》　堂島《どうじま》』国立国会図書館

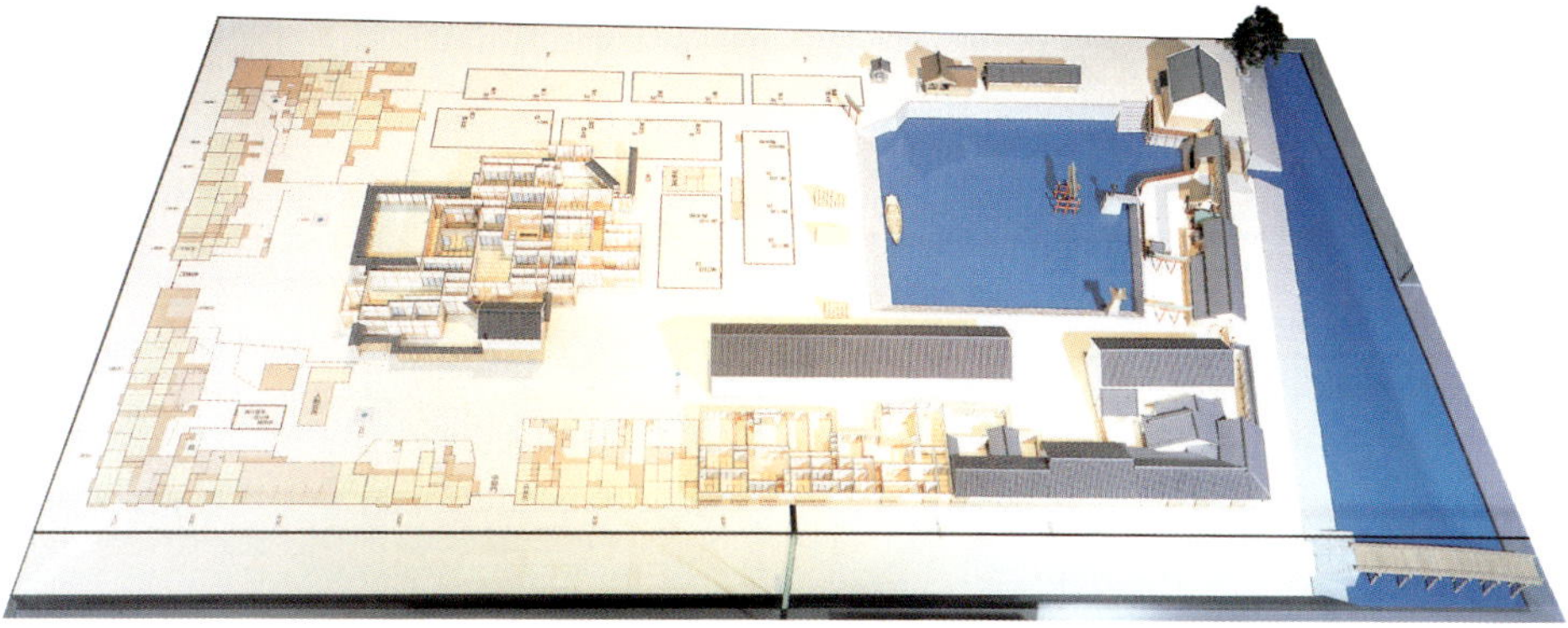

【広島藩蔵屋敷】中之島にあった広島藩の大坂蔵屋敷を、復元模型と絵図を組み合わせて50分の1で再現したジオラマ。大阪歴史博物館

を通じて膨大な米の集積地となった。

大坂における大名の蔵屋敷は、当初は町人名義としながら、実質的には各藩の藩士が管理する形態が多かったが、徐々に指定した町人に管理を請け負わせるようになった。

その代表的な存在が＊淀屋《よどや》である。淀屋は、蔵元として北浜《きたはま》の店先に市場を開設し、「北浜米市（淀屋米市）」と呼ばれて、莫大な利益をあげたといわれている。しかし、その豪奢《ごうしゃ》な生活を咎《とが》められ、闕所《けっしょ》（没収刑）となった。

「天下の台所」の米取引

大坂では早くから、＊米切手《こめきって》の売買や＊延払《のべばら》いによる取り引きが行なわれていたが、幕府は米価の高騰を招くとして、それを歓迎せず、再三禁止した。

しかし、正徳《しょうとく》から享保期《きょうほう》（1711〜36）になると米価の下落が著しくなり、禁止措置を緩和する方針に転じた。

この間、江戸商人と大坂商人の双方から米会所《こめかいしょ》

＊淀屋
大坂の材木商から糸割符商《いとわっぷ》（生糸貿易商）となり、さらに諸大名の蔵屋敷で販売などの実務にあたる蔵元を務めた。蔵元は金銀の出納を代行する掛屋《かけや》を兼ねており、大名に金を貸し付ける大名貸しで財を成した。淀屋は鴻池家《こうのいけ》などとともに大坂を代表する豪商だったが、5代目の辰五郎《たつごろう》のときに闕所《けっしょ》となり、廃業した。

＊米切手
諸藩の蔵屋敷が発行した米の保管証書。米仲買人は落札した蔵米を蔵屋敷に保管させ、米切手を受け取った。

＊延払い
売買契約の際、代金をすぐに払わずに、ある期間後に払うこと。

【米切手】正米取引に使われた米切手は、保管している蔵や扱う商人の名前、米の量などが、偽造を防ぐために特殊な字体で書かれた。大阪歴史博物館

の設立が願い出られ、曲折はあったものの、享保15年（1730）、堂島の米会所が認められた。

この会所*で行なわれた取り引きは、正米取引《しょうまいとりひき》、帳合米取引《ちょうあいまいとりひき》、石建米取引《こくだてまいとりひき》の三種類である。

正米取引は、米切手を売買する取り引きである。一年を春・夏・冬の三期に分け、藩の蔵屋敷が発行する米切手を米仲買の間で取り引きする。決済が即日（のちには四日後）であるため、その資金を融通する入替両替《いれかえりょうがえ》と呼ばれる金融業者が成長するきっかけともなった。

帳合米取引は、やはり一年を三期に分け、筑《ちく》前《ぜん》・広島・中国・加賀《かが》米のうち、ひとつを対象にした先物取引である。実際には存在しない米（空《から》米《まい》）を対象に、帳簿上だけで取り引きされるところからこの名がある。

幕府は、これを「不実」の取り引きであり、米価の高騰を招くとして嫌ったが、実際には全国の米価の平準化に寄与したとされる。

つまり、ある問屋が正米取引で米切手を手にし

＊会所で行なわれた取り引き　10時頃に始まり、夕方には終了した。売りや買いの注文は手指《てゆび》による符丁で行なわれ、この伝統は近年まで、証券取引所にも引き継がれていた。

【米の仕分け】蔵屋敷に国許から米が届いてから売り払うまでの経過を、一年にわたって描いた屏風絵の一場面。検分役の前で米を仕分けているところ。『久留米《くるめ》藩《はん》蔵屋《くらや》敷《しき》図屏風《ずびょうぶ》』（部分）

たとして、現米を手にするまでに米価が下落すると損をしてしまう。そこで米切手を買うと同時に、同量の帳合米を売っておく。万一、米価が下落しても、帳合米を買い戻せば損失が出ないことになる。こうした取り引きは、世界でも堂島がはじめてとされる。

　もうひとつの石建米取引は、虎市《とらいち》ともいわれ、小規模な帳合米取引のことである。

　いずれにしても、「天下の台所」といわれた大坂では、高度な信用取引が展開されていた。それを支えたのは、＊井原西鶴《いはらさいかく》の『日本永代蔵《にほんえいたいぐら》』で描かれた「両人手打ちして後は、少しもこれに相違なかりき」というような、商人の倫理観である。堂島米会所の株は約一三〇〇枚であり、会所内は自治制が貫かれていた。

　米会所は、天保《てんぽう》の改革（1841〜43）で株仲間が解散するが、嘉永《かえい》4年（1851）の再興の際には、ほかの株仲間より優先されるなど、江戸時代の経済をリードする重要な存在だった。

＊井原西鶴
1642〜93。元禄期（1688〜1704）を代表する俳人・浮世草子（小説の一種）作者。大坂の富裕な町人の家に生まれ、若年のころから俳諧師として名をなした。天和2年（1682）に出版した浮世草子『好色一代男《こうしょくいちだいおとこ》』がベストセラーになり、以後、好色もの、町人もの、武家ものなど幅広く手がけ、流行作家となった。ほかの代表作に、『好色一代女《こうしょくいちだいおんな》』『世間胸算用《せけんむなさんよう》』など。

大坂適塾にて

【緒方洪庵】1810～63。藪長水《やぶちょうすい》が描いた洪庵晩年の肖像の1枚で、種痘《しゅとう》の普及にかける決意を込めた歌と漢文が記されている。大阪大学適塾

【緒方洪庵の薬箱】上段には洋薬瓶・はさみなど、抽斗《ひきだし》には紙袋入りの生薬などが収められている。大阪大学適塾

洪庵、大坂に塾を開く

適塾《てきじゅく》とは、幕末の蘭学者緒方洪庵《おがたこうあん》が大坂に開いた蘭学塾。適々斎塾《てきてきさいじゅく》ともいう。洪庵の別号にちなむ名称である。

緒方洪庵は、備中《びっちゅう》（岡山県）の足守《あしもり》藩士の三男に生まれ、文政《ぶんせい》8年（1825）に、父が大坂蔵屋敷の留守居役《るすいやく》になったのをきっかけに大坂に出た。翌年、蘭学医*中天游《なかてんゆう》の門に入り、蘭学修業を始めた。

天保《てんぽう》2年（1831）、江戸に移り、蘭学医*坪井《つぼい》信道《しんどう》の塾に入り、翌年には自身初の翻訳書『人身《じんしん》窮理学小解《きゅうりがくしょうかい》』を完成させた。

また、当時の代表的な蘭学医である*宇田川玄真《うだがわげんしん》のもとにも出入りし、蘭学修業を進めた。

天保7年には長崎に修業に向かい、名前も洪庵を名のるようになった。同9年に足守に戻り、さ

＊中天游
1783～1835。江戸後期の蘭学・医学者。医業は妻に任せ、蘭学塾（思々斎塾《ししさいじゅく》）を開いた。

＊坪井信道
1795～1848。江戸後期の蘭学・医学者。江戸でふたつの蘭学塾を開き、多くの門人を輩出した。

＊宇田川玄真
1769～1834。江戸後期の蘭学・医学者。蘭語に長じ、医書の翻訳に尽くした。

【適塾】大阪のオフィス街の一郭に、江戸時代の町家が往時のままに残る。隣接する史跡公園には緒方洪庵の銅像が建っている。重文　大阪大学適塾

らに大坂へ出て、瓦町《かわらまち》に開業。同時に適塾を開き、医業教育に尽力するようになる。

　塾は評判を呼び、門人が増え、手狭になったため、天保14年に過書町《かしょまち》（中央区北浜）に移転した。修復されて現存するこの建物は、二階建ての町家で、延床面積は約一二五坪。一階には六畳の教室が二つと井戸のある土間があり、塾生による解剖や化学実験に使われたようだ。二階には三二畳の大部屋と一〇畳の小部屋があり、塾生の寝室、独習に利用されていた。

　洪庵は文久《ぶんきゅう》2年（1862）に幕府の奥医師に任ぜられ、江戸に向かうが、それまでの二〇年間はここで後進の指導にあたった。

　その間の入門者は、『姓名録《せいめいろく》』という門人帳によると六一二名にのぼる。しかも、北は北海道から、南は鹿児島に及んでいる。おもな門人としては、のちに慶應義塾《けいおうぎじゅく》を開いた*福沢諭吉《ふくざわゆきち》、日本の公衆衛生の基礎を築いた*長与専斎《ながよせんさい》など、日本の近代化に寄与する多彩な人材を輩出した。

＊福沢諭吉
1834〜1901。明治時代の啓蒙《けいもう》思想家。中津藩士の家に生まれ、洪庵に学んで江戸藩邸に開いた蘭学塾が、のちに慶應義塾となった。

＊長与専斎
1838〜1902。明治時代の医学者。適塾では、福沢諭吉に次いで塾頭を務めた。

【適塾2階の大部屋】塾生が寝起きし、独習に使った部屋で、32畳の部屋。盛時にはひとり畳1枚だったという。大阪大学適塾

新時代を担った門人たち

適塾は、基本的には蘭方医学の塾だが、医学に限定せず、オランダ語を通じて、当時の西洋の最新の知識、技術を学ぶ塾であった。

福沢諭吉《ふくざわゆきち》は、その自伝『福翁自伝《ふくおうじでん》』のなかで適塾時代を振り返り、「凡《およ》そ勉強ということについてはこのうえにしようもないほどに勉強した」と述べており、その向学心の高さを思わせる。これは福沢ひとりのことではなく、塾全体の雰囲気であったようだ。

その象徴が「ヅーフ部屋」である。蘭書の会読に備えて、塾にたった一冊しかない『ヅーフ波留《はる》麻《ま》』という辞書を奪い合うように使うため、この辞書が置かれた部屋はつねに誰かがいて、夜中も灯火が消えることがなかったという。

こうした雰囲気のなかから、福沢や長与専斎《ながよせんさい》のほかにも、幕末福井藩の俊秀といわれた*橋本左内《はしもとさない》、幕府陸軍の創始に貢献し、明治期も政治家として

*橋本左内
1834~59。福井藩士の家に生まれ、医学・蘭学・洋学を研究して、藩政改革に尽くしたが、安政の大獄（1858~59）で捕らえられて処刑された。福井市立郷土歴史博物館

【ヅーフ波留麻《はるま》】長崎出島のオランダ商館長ヅーフが、ハルマの蘭仏辞書をもとにつくった蘭日辞書。長崎通詞の校訂・浄書を経て完成した。これは塾生の写本。大阪大学適塾

活躍した*大鳥圭介《おおとりけいすけ》、明治政府の陸軍の創設者ともいうべき*大村益次郎《おおむらますじろう》（村田蔵六《むらたぞうろく》）などが育ったことになる。

洪庵の業績は、多数の翻訳書以外にも、ジェンナー種痘《しゅとう》の普及や、安政《あんせい》5年（1858）に長崎停泊中の米国艦の乗組員から広まったコレラ対策など多岐にわたるもので、幕府の奥医師に任ぜられてからも、義弟、子息、弟子たちによって適塾の運営は続けられ、分塾も生まれた。

これらの活動が、明治になり、府立医科大学、大阪大学医学部などの基礎となった。

洪庵の終生の事業としてあげられるのが、ドイツ人医師*フーフェランドの内科学書の翻訳書『扶《ふ》氏《し》経験遺《けいけんい》訓《くん》』（全三〇巻）である。日本初の体系的な内科書として名高いものだが、巻末の「医戒の大要」には、洪庵の信条がよく表われている。その第一条には「人の為に生活して己の為に生活せざるを医業の本体とす」とあり、現代の医療倫理に通じるものとして評価が高い。

*大鳥圭介→p185

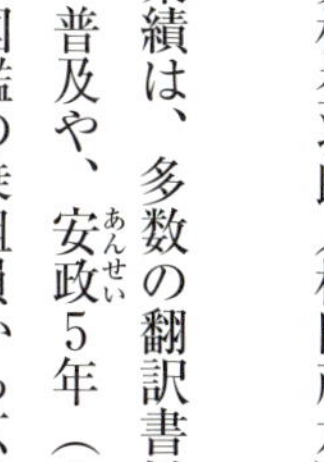

＊大村益次郎
1825〜69。医者・兵学者。洋式兵学の専門家となり、長州藩に迎えられて軍略面で活躍。明治新政府の軍事を指導して、近代的軍制を創設したが、守旧派浪士の襲撃を受け、死亡。

＊フーフェランド
1762〜1836。ドイツの医学者。洪庵の著書は、彼の50年にわたる臨床医の経験をもとに著わした『医学必携』の一部を翻訳したもの。

萩松下村塾にて

吉田松陰の生い立ち

松下村塾《しょうかそんじゅく》は、幕末の志士・思想家・教育者として知られる吉田松陰《よしだしょういん》が多くの志士、明治維新の元勲を輩出した私塾。長州（山口県）萩《はぎ》城下の東の松本村にあったことからこの名がある。

正確には松陰の塾ではなく、松陰の叔父である玉木文之進《たまきぶんのしん》の家塾であり、その後、母方の叔父《おじ》である久保五郎左衛門《くぼごろうざえもん》がその名を継いでいた。

松陰は、長州藩士杉百合之助《すぎゆりのすけ》の次男として生まれ、5歳のときに父と同じ長州藩士である吉田大助《よしだだいすけ》の養子となり、吉田姓を名のるようになった。

吉田は＊山鹿流《やまがりゅう》の兵学師範として毛利《もうり》家に仕える家で、養父の死に伴い、松陰は6歳で兵学師範となる使命を負い、勉学に励んだ。その成果は、11歳で藩主に『武教全書《ぶきょうぜんしょ》』を講じたことに残る。

嘉永《かえい》2年（1849）、20歳で外寇御手当御内用《がいこうおてあてごないよう》

＊山鹿流
山鹿素行（1622〜85）を流祖とする、近世兵法学の一流派。

【吉田松陰】1830〜59。安政の大獄で江戸に送られる前に、門人が描いた肖像のひとつ。絵の上部には自賛がある。山口、松陰神社

【ペリー来航】嘉永7年（1854）1月に再来航したときの光景を描いたもの。松陰は旗艦ポーハタン号に乗り込んだが、下船させられた。『武州潮田遠景《ぶしゅううしおだえんけい》』新潟、黒船館

掛《がかり》を命ぜられ、藩命により須佐《すさ》・赤間関《あかまがせき》などの海岸防備の巡察を行なった。また、翌年には長崎・平戸《ひらど》などを遊歴し、山鹿家を訪ねて兵学の教授を受けた。

翌4年には藩主に随行して江戸に出、安積艮斎《あさかごんさい》、山鹿素水《やまがそすい》などに従って学んだが、*佐久間象山《さくましょうざん》から西洋兵学の必要性を学び、大きな影響を受けた。同年末、藩に無許可で水戸をはじめ東北を遊歴して見聞を広めたが、藩に呼び戻され、士籍と禄高を剝奪《はくだつ》された。

しかし、藩主の特別のはからいで一〇年間の諸国遊学を許可されると、ふたたび江戸へ向かい、象山のもとで砲術などを学びながら、政治的な発言を繰り返すようになった。ちょうどこの時期、嘉永6年にペリー艦隊の浦賀来航に遭遇し、海外渡航を考える。

翌年、ペリーの再航の際に密航を企て、ポーハタン号に乗り込んだが果たせず、自首し、江戸の獄舎から藩に身柄を移され、幽閉処分となった。

＊佐久間象山
1811〜64。信州松代《まつしろ》藩士で、幕末の先覚者。西洋砲術家として名声を得、松陰のほかにも勝海舟《かつかいしゅう》・坂本龍馬《さかもとりょうま》など多くの俊才が入門した。松陰に外国行きを勧めたともいわれる。開明的な言動が尊攘派の怒りを買い、暗殺された。

【松下村塾】松陰の生家の小屋を修理し、師弟の協力で増築したもの。ここで、松陰と寝食をともにする塾生もいた。山口、松陰神社

この幽閉時は読書と思索の生活であったが、同獄の囚人たちに『孟子《もうし》』を講じるなど、教育者としての片鱗を見せはじめる。

松下村塾での短き日々

松陰《しょういん》の資質が開花したのは、病気療養を名目に実家の杉家に預けられてからである。

邸内の廃屋を改装して塾舎とし、安政《あんせい》5年（1858）には藩の許可も得た。当初は近親者に講義をしていたが、松陰の思想に惹《ひ》かれた若者を中心に入門者が相次いだ。獄中で始まった『孟子《もうし》』の講義が引き続き行なわれ、『講孟余話《こうもうよわ》』として結実している。

入門者には、高杉晋作《たかすぎしんさく》、＊久坂玄瑞《くさかげんずい》、＊伊藤博文《いとうひろぶみ》、＊山県有朋《やまがたありとも》、＊品川弥二郎《しながわやじろう》、＊前原一誠《まえばらいっせい》など長州藩の尊攘運動の中心となり、のちに明治政府の長州閥を形成する主要人物が多い。

このメンバーに見られるように、当初、学問塾として出発したものの、しだいに政治的集団の色

＊久坂玄瑞
1840〜64。幕末の長州藩士。松陰門下では「高杉晋作の識、玄瑞の才」と並び称された。松陰の妹と結婚したが、禁門《きんもん》の変（1864）に参加して自刃した。

＊伊藤博文
1841〜1909。長州藩で高杉晋作に従って尊攘運動に参加し、明治維新後は新政府の要人として活躍。内閣制度を創設して、初代首相となる。ハルビンで暗殺された。

＊山県有朋
1838〜1922。長州藩討幕派のひとりで、奇兵隊軍監として活躍。明治維新後は徴兵制を実現して近代軍制の基礎を築いた。陸軍大将・内務大臣・首相などの要職を歴任した。

【高杉晋作】1839~67。幕末期の長州藩における討幕派の中心。松陰門下の逸材として知られ、のちに奇兵隊を組織して、幕府軍に対抗した。

彩を強めていったことがわかる。

とくに条約勅許問題を契機に、松陰と塾生の政治的発言と行動は活発化した。藩に対しては上書で条約締結を批判し、塾生を各地に派遣して情報収集に務め、老中間部詮勝《まなべあきかつ》の暗殺計画や、公卿大《おお》原重徳《はらしげとみ》の西下を画策するなどした。

藩はこれらの動きを看過できず、同年12月には、ふたたび野山獄《のやまごく》に松陰を収監した。松陰の指導は、ごく短期間に終わってしまったことになる。

翌安政6年、幕府は安政の大獄で逮捕した*梅田《うめだ》雲浜《うんぴん》との関係をただすために、松陰の身柄引き渡しを要求し、藩はこれに応じた。

幕吏の取り調べに対し、みずからの政治的信条を主張し、間部詮勝の暗殺計画を明かしたため、死罪となり、10月には処刑された。

享年30という短い生涯であり、松下村塾《しょうかそんじゅく》での指導期間も二年たらずでありながら、後進に強烈な影響を与えた意味で、日本の近代化の歴史に特筆すべき存在であった。

*品川弥二郎
1843~1900。長州藩士で、尊攘運動に参加。明治維新後は内務大臣などの職を歴任した。

*前原一誠
1834~76。長州藩士で尊攘運動に参加。明治維新後は新政府の参議などを務めたが、萩《はぎ》の乱（1876）で捕らえられ、斬首された。

*梅田雲浜
1815~59。若狭小浜藩士。幕末、尊攘運動の中心的人物のひとり。安政の大獄で最初に捕らえられ、江戸で獄死した。

長崎出島にて

オランダに貸し付けられた出島

長崎《ながさき》が歴史上脚光を浴びはじめるのは、元亀《げんき》2年（1571）のことである。最初のポルトガル船が入港し、大村《おおむら》・島原《しまばら》などの六町が開かれた。それ以来、マカオから定期的にポルトガル船が来航するようになり、急速な発展を見せた。大村氏は、長崎とその南の茂木《もぎ》（長崎市）をイエズス会*に寄進し、いずれもキリスト教徒による自治都市として発展した。

しかし、豊臣秀吉《とよとみひでよし》以降は直轄地とされ、江戸幕府が開かれると、寛永《かんえい》の鎖国政策に伴い、自治的要素は抑制されていった。その象徴的存在が、寛永13年（1636）に築かれた出島《でじま》である。それまでポルトガル人は、長崎市中に雑居していたが、以後はこの居留地に収容されることになる。

出島は中島川《なかじまがわ》河口の中洲《なかす》を整備したもので、の

*イエズス会
プロテスタントに対して、カトリックの発展を図るために組織された男子修道会。1540年にローマ教皇の公認を得て、世界各地で布教した。天文18年（1549）に来日したザビエルもこの会に属していた。

【出島】寛政の大火（1798）以後に再建された、1830年ごろの様子を描いたもの。右上の大きな建物が商館長のカピタン部屋で、高くはためいているのはオランダ国旗。川原慶賀《かわはらけいが》『出島図《でじまず》』ドイツ、ライス・エンゲルホルン博物館

【オランダ船船長の部屋】復元された一番船船長の部屋の内部。

ちに出島商人と呼ばれることになる豪商二五人に費用を負担させ、そのかわりに家賃として銀八〇貫目をポルトガルに支払わせた。

　ポルトガル人が追放されたあとは、平戸《ひらど》にあったオランダ東インド会社*の日本商館を出島に移転させ、銀五五貫目で貸し付けた。これ以降、安政《あんせい》4年（1857）まで、日本とヨーロッパを貿易でつなぐ唯一の接点となった。

　出島は、面積はわずか三九六九坪*の扇形の地形である。ここに日本側の管理のための建物が一七棟、カピタン（商館長）などの居住施設が一五棟、大小の倉庫一六棟が立ち並んでいた。長崎の町とは一本の橋でつながるのみで、出入りは厳しく管理され、日本人で出入りできるのは、出島乙名《でじまおとな》や組頭《くみがしら》、オランダ通詞《つうじ》などの出島役人と、門鑑《もんかん》（通行許可証）をもった商人と遊女くらいであった。

　滞在するオランダ人は一〇人前後で、彼らは「国立の牢獄」と評したほど、窮屈な生活を強《し》いられた。

＊オランダ東インド会社　オランダの東インドにおける香料貿易・植民地経営を担った特許会社。バタヴィア（現、インドネシアのジャカルタ）を拠点にインド洋から太平洋まで活動範囲を広げ、鎖国中の日本へも渡来した。

＊三九六九坪　東京ドーム約0・3個分。

【出島の宴会の様子】畳の上にテーブルと椅《い》子《す》を置き、商館員は靴を履いたままで、洋風の暮らしぶりだった。背後に立っているのは長崎丸山《まるやま》の遊女。川原慶賀『蘭館絵巻《らんかんえまき》』長崎歴史文化博物館

海外貿易と文化に開かれた窓

出島《でじま》のオランダ商館は、その名のとおり貿易のために存在した。当初は銀を、銀が禁じられると金を、さらに銅を買い付け、日本にはおもに生糸を輸出した。

*新井白石《あらいはくせき》の試算によると、慶安《けいあん》元年（１６４８）から宝永《ほうえい》5年（１７０８）までの六〇年間で流出したのは、金が二三九万七六〇〇両、銀が三七万四二二九貫目にのぼる。しかも、それ以前の四六年間には、その倍くらいの金銀が海外に流出したという。

一方、出島の果たした役割は、文化的な面でも少なくない。寛永18年（１６４１）に幕府はオランダに対して、医薬・外科・本草《ほんぞう》書以外の持ち込みを禁止する通達を発している。しかし、医学を中心に、ヨーロッパ文化が徐々に浸透した原動力は、まさしく出島によるものだった。

出島に滞在した*スハンブルヘルらのオランダ人

*新井白石
１６５７～１７２５。江戸中期の儒学者・政治家。6代将軍家宣《いえのぶ》・7代将軍家継《いえつぐ》のもとで政治の中枢に参画し、儒教的政策の「正徳《しょうとく》の治《ち》」を中心となって進めた。

*スハンブルヘル
１６２３～１７０６。オランダの外科医。医療・測量術を日本に伝え、外科医術はファーストネームにちなみ、カスパル流として広まった。

*ケンペル
１６５１～１７１６。ドイツの医学者。元禄3年（１６９０）来日し、二度にわたり商館長の江戸参府に随行して、その体験をもとに『日本誌』を著わした。

【シーボルト】1796〜1866。長崎郊外の鳴滝で医学・蘭学塾を開き、門人に臨床医学などを講義した。出島の外で外国人から診療や講義が受けられたのは、きわめてまれなことだった。文政11年（1828）、禁制の地図などの国外持ち出しが発覚し、翌年、国外追放になった（シーボルト事件）。肖像は川原慶賀の筆によるもの。長崎歴史文化博物館

医師は、通詞などを通じて紅毛流《こうもうりゅう》外科を伝えている。その後も、*ケンペル、*ツンベルクなど多くの学者が渡来したが、なかでも、商館付き医員として来日したドイツ人のシーボルトは、許可を得て長崎郊外の鳴滝《なるたき》に塾を開き、*高野長英《たかのちょうえい》、*伊東玄朴《いとうげんぼく》など多数の日本人を教育し、蘭学の発展に大きく貢献した。

　また、商館長は毎年、江戸に参府するが、これに同行する医師や通詞は、厳しい制約はあったものの、江戸の蘭学者と交流し、最新の知識を伝えるのに重要な役割を果たした。

　商館長が長崎奉行を通じて幕府に提出した「オランダ風説書」も、鎖国下の日本にとって貴重な情報源となっていた。幕末へと至る緊迫した海外情勢、とくにアヘン戦争の情報などは、「別段風説書」として随時提出されている。

　長崎はまた、オランダ以外にも、中国との窓口にもなっており、通商相手国との応対を一手に引き受ける町として、特殊な存在だった。

＊ツンベルク
1743〜1828。スウェーデンの植物学者。安永4年（1775）に来日して、日本産植物の学名を決めた。帰国後、『日本植物誌』などを著わした。

＊高野長英
1804〜50。江戸後期の蘭学者。シーボルトに師事したのち、江戸で蘭方医を開業。幕政を批判して投獄されたが、脱獄して名前を変え、活動を続けた。のちに幕吏に急襲されて自害した。

＊伊東玄朴
1800〜71。江戸後期の医師。シーボルトに師事したのち、江戸で開業。神田お玉《たま》ケ《が》池種痘所《いけしゅとうじょ》の設置に尽力し、幕府の西洋医学所取締《とりしまり》となる。

高山陣屋にて

江戸文化の伝わる幕府の直轄地

*幕領は、開府のころには二〇〇万石程度だったが、大名の改易《かいえき》・転封《てんぷう》などを通じて拡大し、元禄《げんろく》末年（1704）には四〇〇万石を超え、もっとも多いときには、四六一万石に達した。天保《てんぽう》期（1830〜44）の全国の石高は三〇五五万石とされているが、そのうち幕領は一三・七％を占めた。徳川氏は、将軍家という全国政権であると同時に、最大の大名家だったわけである。

幕領は、江戸の近辺である関東地域、京・大坂周辺の近畿、東海道筋、米作地帯の出羽・越後などに多い。さらに*佐渡《さど》・生野《いくの》などの鉱山に加え、流通上の要《かなめ》である大坂・長崎も幕領とされている。

そのなかで、少し特殊な色合いのあるのが飛騨《ひだ》（岐阜県）である。飛騨の場合は豊富な山林資源の確保に目的があった。

【高山陣屋】陣屋とは、郡代や代官が徴税や民政を行なったところで、役所のほか居宅や蔵なども含んでいる。高山の陣屋は唯一現存する江戸時代の陣屋で、国史跡に指定されている。現在は門前で朝市が開かれ、大勢の人でにぎわう。

＊幕領
江戸幕府の直轄地。幕府領の略。江戸時代には「御料」「御《お》蔵入《くらいり》」などと呼ばれた。俗に「天領」として知られているが、これは明治以降の呼称。

＊佐渡・生野
佐渡《さど》金山《かなやま》は、新潟県佐渡相川を中心とする鉱山の総称で、江戸時代には金銀山として開発が進み、諸国から人が集まって栄えた。生野銀山は兵庫県にあり、江戸時代の銀産出量は全国一だった。

＊代官・郡代
江戸時代の代官とは、幕府や諸藩の直轄地を支配する地方

【陣屋の吟味所】高山陣屋には、民事と刑事を扱う2か所のお白洲《しらす》がある。これは、刑事事件を扱ったお白洲だが、軽犯罪を罰するだけで、ほとんどの犯罪は江戸の勘定奉行所の裁定を仰いだ。

飛騨が幕領化されたのは、元禄5年（1692）と遅い。それまでは金森《かなもり》氏の所領であった。

幕領ではふつう、五～一〇万石ごとに*代官が任命されて管理していたが、飛騨では高山《たかやま》に*郡代《ぐんだい》陣《じん》屋《や》が設置され、美濃《みの》・越前《えちぜん》・加賀《かが》の一部も管轄した。文化《ぶんか》2年（1805）で、飛騨郡代支配地の総石高は一〇万四二〇〇石である。飛騨郡代に任ぜられるのは、通例、禄高一五〇〇俵程度の旗本で、役料は四〇〇俵だった。

高山陣屋には八四人の地役人がいたが、寛政《かんせい》元年（1789）の*大原《おおはら》騒動以降減員され、三〇数名となった。彼らの多くはかつての領主である金森氏の下級家臣の子孫で、山林・鉱山などの特殊技術をもつところから、初代の*伊《い》奈《な》忠篤《ただあつ》によって抱えられ、世襲された。

幕領となってからの高山の繁栄は著しく、江戸の文化の影響も強かった。その象徴ともいうべきものが、旦那衆と呼ばれた富商の財力に支えられた「高山祭」の豪華な屋台である。

官のこと。幕領の場合は旗本が任じられ、勘定奉行の支配下におかれて、年貢の徴収や治安・民政にあたった。職務の内容はほとんど同じだが、支配高10万石以上になると郡代。江戸中期以降に、いわゆる関東郡代のほか、美濃・飛騨・西国筋の3つの郡代がおかれた。

＊大原騒動
明和8年（1771）から寛政元年（1789）にかけて、郡代大原彦四郎《おおはらひこしろう》・亀五郎《かめごろう》親子のときに起きた三度の農民一揆《いっき》の総称。

＊伊奈忠篤
1669～1697。江戸中期の関東郡代。飛騨が幕領となった際に、飛騨代官（12代から郡代に昇格）を兼務し、金森氏の下屋敷だったものを代官屋敷として整備した。

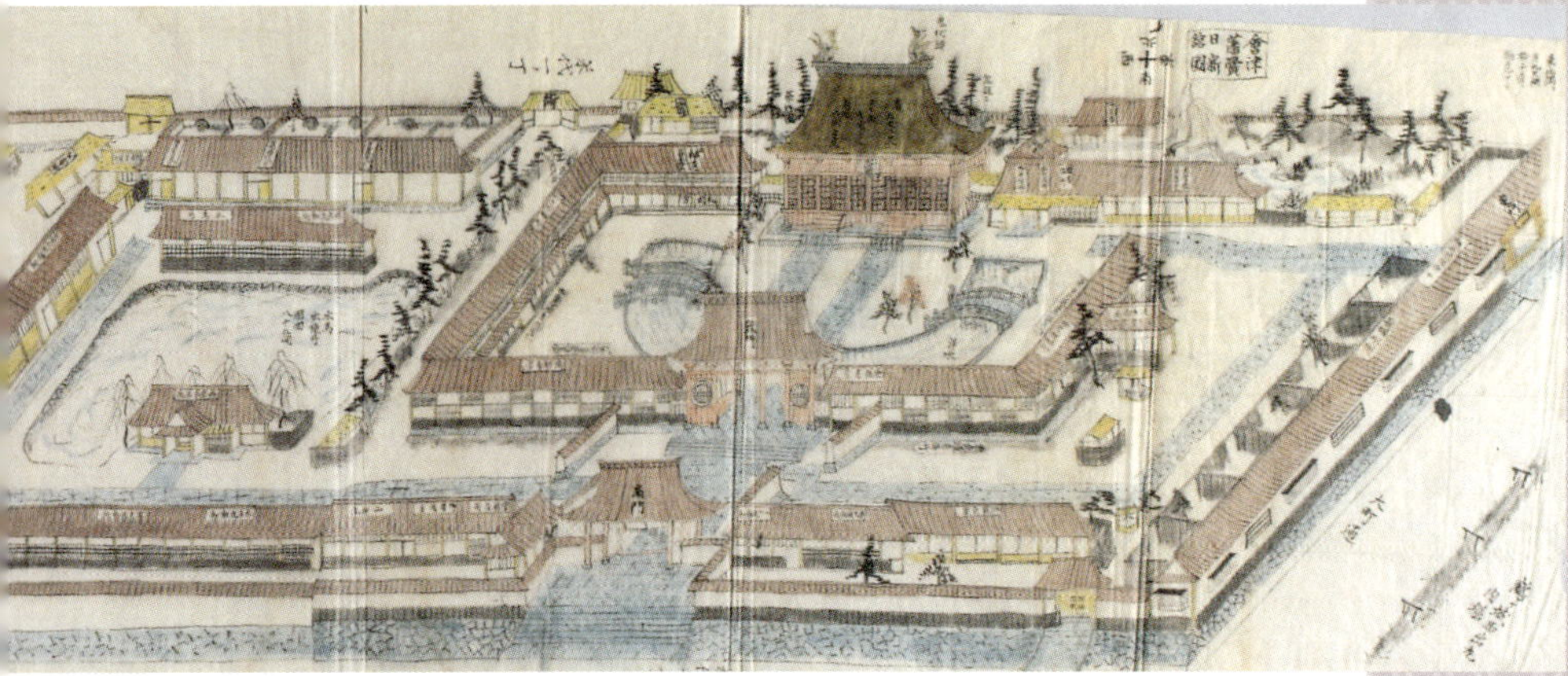

会津日新館にて

藩政改革と日新館の設立

江戸時代の支配階級である武士は、本来は戦で手柄を立てて、自分の禄高を上げることを励みとし、自分の主人に仕えることを本分としていた。

しかし、幕藩体制が安定期に入ると、戦による手柄とは別の目的が必要になってくる。同時に、支配側の藩の体制にも弛緩《しかん》が見られ、藩経営には武とは別の才能が要求されるようにもなった。

こうした歴史的背景のなかで、宝暦《ほうれき》から天明《てんめい》期（1751〜89）以降、各藩で設立されたのが、藩校あるいは藩学と呼ばれる教育機関である。

会津《あいづ》藩が確立されるのは、＊保科正之《ほしなまさゆき》が＊入部《にゅうぶ》した寛永《かんえい》20年（1643）のこと。前藩主の加藤氏の失政からの回復をめざし、さまざまな試みが行なわれた。

そのひとつが、寛文《かんぶん》4年（1664）に岡田《おかだ》如《じょ》

【松平容頌《まつだいらかたのぶ》】1744〜1805。会津藩5代藩主。田《た》中玄《なかはる》宰《なか》を家老に登用し、藩政改革を成し遂げた。田中に命じて日新館を創設し、文武のいっそうの発展に力を入れた。福島、土津神社

＊保科正之

1611〜72。2代将軍秀《ひで》忠《ただ》の子で、3代将軍家光《いえみつ》の異母弟。高遠《たかとお》藩主保科氏の養子から会津藩主となり、松平の

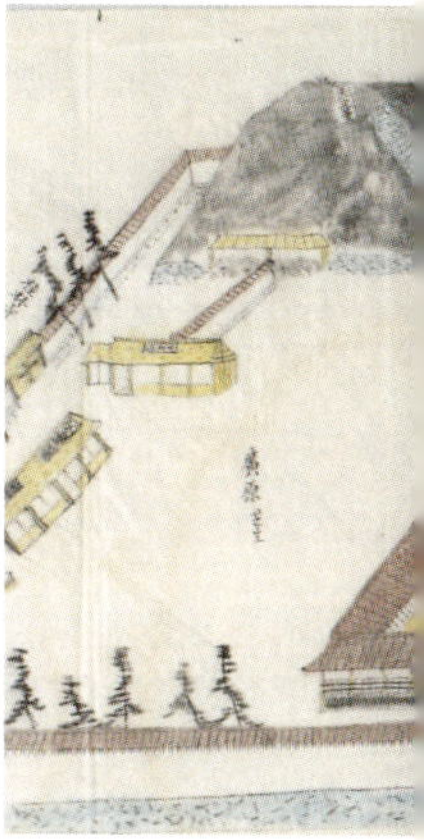

【日新館】朱塗りの大きな建物は、儒学《じゅがく》の祖孔子《こうし》らを祀《まつ》る大成殿《たいせいでん》で、それを取り囲むように学舎が連なる。水練用の池や砲術場、天文台もあった。『日新館図』福島県立博物館

【復元された日新館】学舎などが立ち並び、野外歴史博物館となっている。

黙《もく》の私塾を藩の学問所に取り立て、稽古《けいこ》堂《どう》として運営したことである。さらに会津藩では、講所《こうしょ》という学問所も別に設け、すぐに町講所も設立し、ここを武士と町人が一緒に学ぶ場とした。

そして、寛政《かんせい》11年（1799）に、敷地七二〇〇坪*にも及ぶ広大な学問所の造営に着手し、日新《にっしん》館《かん》と命名。二年後に文武の学寮が完成し、その翌年には大成殿《たいせいでん》が完成した。

日新館は、基本の漢学のほかに、和学・神道・算法・天文・医学・洋学に加え、諸武芸も学ぶ総合的な教育機関であった。

また、独自の教科書として、初代藩主正之の著『玉山講義附録《ぎょくざんこうぎふろく》』や幼童のための『日新館童子訓《にっしんかんどうじくん》』などの出版も行なわれた。

藩校ブームの背景

江戸時代の学問といえば、漢学が主体である。日本の漢学は、中国から伝わった朱子学《しゅしがく》、陽明学《ようめいがく》に加え、独自の解釈で生まれた古義学《こぎがく》（伊藤仁斎《いとうじんさい》*）、

姓を得て、会津松平藩の基礎を築く。家光の遺言により、4代将軍家綱《いえつな》を補佐して幕政に参画した。

＊入部
領主である大名が、はじめて領地に入ること。

＊七二〇〇坪
東京ドーム約0・5個分。

＊伊藤仁斎
1627〜1705。京都の町人出身で、生涯、市井に生きた儒学者。朱子学を批判して古義学を提唱し、古義堂を開いて、多くの門人を世に送り出した。

【弓術の稽古】日新館の北側には弓の稽古をする射弓場があり、学問だけでなく、武術も学んだ。『会津《あいづ》藩日新館学問《はんにっしんかんがくもん》の図』福島県立博物館

古文辞学《こぶんじがく》（*荻生徂徠《おぎゅうそらい》）、折衷学《せっちゅうがく》など多彩な展開を見せていた。

日新館《にっしんかん》の場合は、設立当初は徂徠学派の学問を中心にしていたが、幕末に至って朱子学に変更されている。

朱子学は、*林羅山《はやしらざん》の時代から徳川家と深い関係をもっていた。その後、林家の家学として命脈を保ってきたが、他派の隆盛に伴い、不振に陥る。その不振を回復すべく行なわれたのが、松平定信《まつだいらさだのぶ》による寛政の改革の施策である「寛政異学の禁」（寛政2年〔1790〕）であった。

この命令は、*昌平坂学問所《しょうへいざかがくもんじょ》の内部での異学の禁止であり、内容的にはむしろ朱子学興隆のためのてこ入れ策だったが、多くの学者の誤解を招き、反対運動が起こった。

各藩でも徳川家の動きに合わせ、藩校での朱子学採用に踏み切るところも出た。同時に新たに藩校を開設する藩も増えた。

各藩の藩校の代表的なものを列記すると、秋田

*荻生徂徠
1666〜1728。江戸中期の儒学者。柳沢吉保《やなぎさわよしやす》（1658〜1714）に仕え、古文辞学を提唱。のち日本橋茅場町に家塾を開き、京都の古義学派に対抗して隆盛した。

*林羅山
1583〜1657。幕府の儒官である林家の祖。朱子学を修めて徳川家康《とくがわいえやす》の信任を得、文書や法度の起草にあたった。

*昌平坂学問所
江戸幕府の教育施設で、林羅山が上野忍岡《うえのしのぶがおか》に開いた家塾に始まる。聖堂とともに神田《かんだ》湯《ゆ》島《しま》に移転し、寛政9年（1797）に幕府直轄の学問所となる。

【礼法を学ぶ】小笠原流《おがさわらりゅう》による武士としての作法のうち、太刀の受け渡しの礼法を教わっているところ。『会津藩日新館学問《あいづはんにっしんかんがくもん》の図』 福島県立博物館

藩の明徳館《めいとくかん》、庄内《しょうない》藩の致道館《ちどうかん》、米沢《よねざわ》藩の興譲館《こうじょうかん》、水戸《みと》藩の弘道館《こうどうかん》、尾張《おわり》藩の明倫堂《めいりんどう》、紀伊《きい》藩の学習館《がくしゅうかん》、岡山藩の花畠教場《はなばたけきょうじょう》、福山《ふくやま》藩の誠之館《せいしかん》、長州《ちょうしゅう》藩の明倫館《めいりんかん》、福岡藩の修猷館《しゅうゆうかん》、熊本藩の時習館《じしゅうかん》、薩摩《さつま》藩の造士館《ぞうしかん》など。

明治以降の近代の学制になってからも、実態として引き継がれたり、中・高等教育機関の名称とされた名前も少なくない。

こうした藩校で育った才能が生きたのは、各藩が財政的に行きづまった際の藩政改革の場であり、幕末期の開国をめぐる状況下であった。

天保《てんぽう》期（1830～44）になると、小規模な藩でも藩校を設立するようになるのは、こうした危機的状況が反映されていると考えられる。

会津の日新館は、戊辰《ぼしん》戦争の際に学生が*白虎隊《びゃっこたい》として動員されたため、自然に閉校状態となった。しかし、会津の人々の教育に対する篤《あつ》い思いは明治の苦難の時代になってもつづき、*斗南《となみ》藩へ移封後も斗南日新館を設立するなどした。

＊白虎隊

幕末、会津藩内で組織された新軍制のなかで、16～17歳の少年で編成された隊。慶応4年（1868）、新政府軍が会津に迫ると、白虎隊士も戦線に参加。敗走し、残った少年たちも自刃した。会津戦争の悲劇として、語り伝えられている。

＊斗南藩

明治2年（1869）に、旧会津藩主 松平容保《まつだいらかたもり》の嗣子容《かた》大《はる》が、陸奥国北・三戸《さんのへ》・二戸《にのへ》郡（青森・岩手県）に新政府から3万石を与えられて興した藩。会津藩は、戊辰戦争で新政府に徹底抗戦したため所領を没収され、23万石からわずか3万石となっての厳しい再出発だった。

箱館五稜郭にて

【五稜郭】上空から見た現在の五稜郭。城郭本体から張り出された5か所の稜堡《りょうほう》は、互いに援護射撃ができるようになっていて、防御の際の死角をなくす工夫。

幕末維新、箱館戦争の舞台

渡島《おしま》半島の突端部にある箱館《はこだて》が、歴史の表舞台に登場するのは、松前《まつまえ》藩が亀田《かめだ》（函館市）の番所を当地に移転した寛保《かんぽう》元年（1741）くらいからで、松前・江差《えさし》と並ぶ「松前三湊《まつまえさんみなと》」と呼ばれるようになるころである。

箱館は寛政《かんせい》期（1789〜1801）以降、幕府の蝦夷《えぞ》地政策の拠点となった。最終的に蝦夷地は幕府の直轄地となったが、この地には箱館奉行がおかれた（松前奉行と改称。廃止の時期あり）。安政《あんせい》元年（1854）の日米和親条約により、翌年に開港すると、箱館は急速な発展を見せた。

安政4年には、奉行所の建物としては日本初の洋式城郭として五稜郭《ごりょうかく》が着工され、元治《げんじ》元年（1864）に竣工した。蘭学者の*武田《たけだ》斐三郎《あやさぶろう》が、フランスの築城書のオランダ語訳を参考に設計し、

＊武田斐三郎
1827〜80。伊予《いよ》大洲《おおず》藩（愛媛県）出身の学者。大坂適《おおさかてき》塾《じゅく》で蘭学を、佐久間象山《さくましょうざん》から洋式兵学を学んだ。

＊榎本武揚
1836〜1908。幕臣に生まれ、長崎海軍伝習所に学ぶ。オランダに留学し、語学・軍事・国際法・化学などを習得して、北海道の地質・物産の調査を行なう。五稜郭で敗れたのち、明治新政府に出仕した。

【箱館戦争】戊辰戦争の最後の戦いで、新政府軍は海陸から箱館を攻撃。応戦する榎本軍と激烈な戦闘が行なわれた。『箱館戦争図』市立函館博物館

大砲による攻撃に強い設計になっている。

この五稜郭が脚光を浴びるのは、戊辰《ぼしん》戦争の最後の戦いの舞台となったからである。

明治元年（1868）、＊榎本武揚《えのもとたけあき》は旧幕府の軍艦八隻に約二八〇〇人を率いて松前を陥落させ、五稜郭を本営に、みずから総裁となり、蝦夷島政権を樹立した。

新政府軍は、青森に約七〇〇〇人の兵を集結させ、榎本軍を攻撃した。最終的な戦闘は五稜郭の焼失とともに終結し、榎本軍は降伏した。明治2年5月のことである。新選組《しんせんぐみ》の＊土方歳三《ひじかたとしぞう》はこの戦闘で戦死している。

榎木をはじめ、＊大鳥圭介《おおとりけいすけ》などの幹部は、東京で投獄されたが、のちに釈放され、明治政府の要職についた。

榎本は逓信《ていしん》・農商務大臣や外交部門で活躍し、大鳥も開拓使出仕を経て清《しん》国の特命全権公使などを歴任し、日清戦争の発端となった朝鮮への武力介入を行なった。

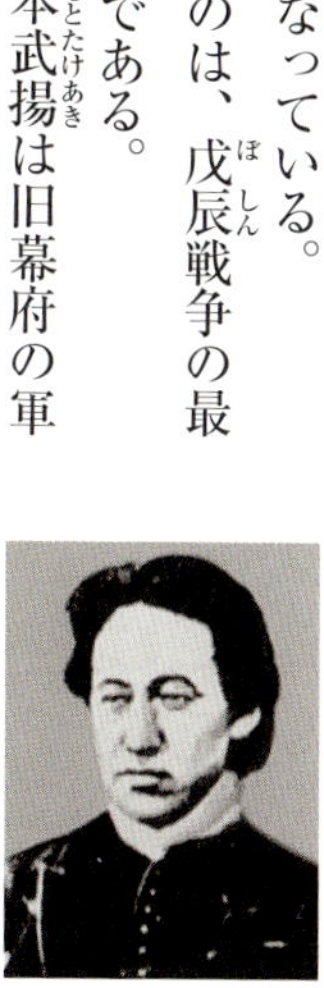

＊土方歳三

1835～69。新選組の「鬼の副長」として知られる。武蔵国多摩（東京都日野市）の農家の出身だが、剣術に優れ、近藤勇《こんどういさみ》らと京へ上って浪士隊、のちの新選組を結成。京都市中の治安警護にあたった。戊辰戦争で旧幕軍が敗走すると、会津を経て箱館へ転戦し、戦死した。

＊大鳥圭介

1833～1911。大坂適塾で蘭学を、江川英敏《えがわひでとし》に兵学を学んで幕臣となり、洋式の歩兵訓練を行なった。戊辰戦争では日光・会津を転戦し、箱館へ。明治新政府では外交官や学習院院長を歴任。

江戸東京博物館

住 東京都墨田区横網1-4-1
問 ☎03-3626-9974

約400年にわたる江戸・東京の歴史や文化を、楽しみながら学べる。5階と6階が吹き抜けになった常設展示室で、まず実物大に復元された日本橋《にほんばし》を渡ると「江戸ゾーン」が始まる。

精密な都市模型や、芝居小屋・長屋の原寸模型、実際に持ち上げることのできる千両箱などの体験型の展示が特徴。江戸時代の雰囲気を実感しながら、ていねいな解説のついた展示資料を見ることで、知識を深めることができる。図書室などの施設も充実している。

江東区深川《ふかがわ》江戸資料館

住 東京都江東区白河1-3-28
問 ☎03-3630-8625

天保《てんぽう》の終わりごろ（1842～43）の江戸深川の情景を、当時の沽券図《こけんず》（土地売買に使われた図面）をもとに、原寸で復元・展示している。

火《ひ》の見櫓《みやぐら》や水茶屋のある空き地、猪牙《ちょき》の浮かぶ堀割は江戸情緒たっぷり。舂米《つきまい》（搗米《つきごめ》）屋《や》・八百屋《やおや》などの商家、船宿、長屋では室内に上がって家財道具を間近に見ることができる。鶏が時を告げる夜明けから暮れ六つの鐘が鳴るまでの1日を、照明と音響で20分ほどに再現しているのも楽しい。

太田《おおた》記念美術館

住 東京都渋谷区神宮前1-10-10
問 ☎03-3403-0880

明治生まれの実業家・太田《おおた》清蔵《せいぞう》のコレクションをもとに開設された、浮世絵の専門美術館。

浮世絵の初期から終末期に至るまでの作品をカバーしていること、保存状態のよい美しい作品が多いことで知られ、収蔵点数は1万2000点以上。浮世絵はその性質上、長期間の展示には耐えられない。そのため定期的な展示替えが行なわれており、何回行っても新しい作品に触れることができる。関連講座も定期的に開催されている。

※住は住所、問は問い合わせ先の電話番号。

たばこと塩の博物館

住 東京都渋谷区神南1-16-8
問 ☎03-3476-2041

人間の生活と密接なかかわりをもっているたばこと塩の歴史・文化を、さまざまな角度から紹介する。
　たばこのコーナーでは、世界への伝《でん》播《ぱ》と、江戸時代に始まり現代に至る日本のたばこ文化の変遷を展示。塩のコーナーでは、塩の基礎知識や日本の製塩の歴史をジオラマや映像で解説する。また、これらの常設展示のほか、多彩なテーマで年6~7回の特別・企画展も開催。ミュージアム・ショップでは、世界各地の塩や喫煙具も手に入る。

消防博物館

住 東京都新宿区四谷3-10
問 ☎03-3353-9119

江戸時代の消防の誕生から現代に至る消防の歴史に加え、防火・防災の知識を楽しみながら学べる。
　5階が「江戸の火消《ひけし》」のコーナー。当時の火消道具や防火に関する御触書《おふれがき》、錦絵《にしきえ》、ジオラマなど豊富な資料で、江戸時代の消防の仕組みと消火活動をわかりやすく解説・展示する。6階の企画展示室では年数回、江戸と消防をテーマにした企画展を開催。閲覧のみだが、7階には消防に関する資料をそろえた図書資料室もある。

相撲《すもう》博物館

住 東京都墨田区横網1-3-28
問 ☎03-3622-0366

両国国技館《りょうごくこくぎかん》1階にあり、神事として相撲が行なわれた時代から、江戸時代の勧進相撲《かんじんずもう》に始まる現代の相撲まで、日本の国技である相撲に関する多種多様な資料を収集・展示する。
　古文書《こもんじょ》、錦絵《にしきえ》、絵巻物から、番付表、名力士の遺品、新聞の切り抜きまで、収蔵品の量・質ともに世界一。展示スペースは広くはないが、年6回展示替えをしており、訪れるたびに多彩なテーマの展示が楽しめる。なお、東京場所開催中は国技館入場者のみ見学可。

登別伊達《のぼりべつだて》時代村

住 北海道登別市中登別町
問 ☎0143-83-3311

総敷地面積28万㎡の自然のなかに、商家・長屋・寺子屋や学問所など、江戸時代の建物や日本庭園が再現されている。大人がひとまわりするだけでも1時間以上はかかる広さだ。

村内には、人情芝居を上演したり、参観者がお大尽遊びを体験できる劇場や見世物小屋、忍者のからくり迷路など、遊びの要素がたっぷり。

また、幌別《ほろべつ》の開拓に携わった仙台藩《せんだい》伊達家の一門・片倉《かたくら》氏の武家屋敷があり、伊達氏の歴史も学べる。

会津《あいづ》武家屋敷

住 福島県会津若松市東山町
問 ☎0242-28-2525

江戸時代の雄藩、会津藩の城下町、会津《あいづ》若松《わかまつ》に残る歴史的建造物を一堂に集めて展示する野外歴史博物館。

2万3000㎡の園内には、幕末の名家老《かろう》・西郷頼母《さいごうたのも》の屋敷を中心に、藩米精米所、旧中畑陣屋《なかはたじんや》など数々の建物が立ち並ぶ。復元された西郷邸は御成《おなり》御殿《ごてん》や使者の間など38部屋の壮大な屋敷。部屋ごとに往時の生活の様子を人形で再現展示している。敷地内には、坂本龍馬《さかもとりょうま》・中岡慎太郎《なかおかしんたろう》の暗殺を指揮したとされる佐々木只三郎《ささきただざぶろう》の墓もある。

大内宿《おおうちじゅく》

住 福島県下郷町大内
問 大内宿観光協会
☎0241-68-3611

参勤交代《さんきんこうたい》の大名行列も通った会津《あいづ》と今市《いまいち》を結ぶ江戸時代の重要な街道、会津西街道17駅で唯一残る史跡宿場。旧街道に沿った南北約500m、面積11万3000㎡の地域が国の重要伝統的建造物群保存地区に指定されている。

重厚な茅葺《かやぶき》・寄棟造《よせむねづくり》の建物が街道に妻面《つまめん》を向け整然と並ぶ町並みは、往時にタイムスリップしたよう。地区の中ほどに、復元された問屋《といや》本陣《ほんじん》があり、町並み展示館として生活・風俗を伝える道具などを展示している。

※ p188〜191は、テーマパーク・野外博物館・史跡・町並みを含む。

歴史の里 三日月村《みかづきむら》

住 群馬県太田市藪塚町
問 ☎0277-78-5321

昭和47年（1972）からつづいた人気テレビドラマ「木枯《こが》らし紋次郎《もんじろう》」のふるさと、上州新田郡《じょうしゅうにったごおり》三日月村を再現したテーマパーク。

村を通る隧道《ずいどう》沿いに、ドラマの時代設定となった江戸時代後期の建物や景観がつぎつぎに展開する。いちばんの人気は、ひと部屋ごとに複雑な仕掛けがほどこされ、部屋全体が迷路のような「からくり屋敷」。村内で唯一通用する貨幣、江戸時代の古銭も、上州路を行く往時の旅の雰囲気を盛り上げる。

日光《にっこう》江戸村

住 栃木県日光市柄倉
問 ☎0288-77-1777

昭和61年（1986）に開園した、江戸時代テーマパークの草分け的存在。約50万㎡の園内には、江戸時代中期の町並みが再現され、当時の扮装《ふんそう》をしたスタッフが迎えてくれる。

6か所ある劇場で繰り広げられる、忍者や奉行所のアトラクションが呼び物。そのほか村内で花魁《おいらん》道中が行なわれたり、町角で細工物をする職人の姿が見られたり、隅々まで工夫が凝らされている。江戸の知恵と美徳を楽しく学ぶための「社会学学問所」もある。

ワープステーション江戸

住 茨城県つくばみらい市南太田
問 ☎0297-47-6000

江戸時代の建物を再現した町並みと、マルチメディアを利用した展示施設の複合が特徴のミュージアムパーク。「町屋」「大店《おおだな》」「廻船《かいせん》問屋」「江戸城・武家」の4つのゾーンに分かれ、江戸時代の外観をもつ建物のなかでは、映像や音楽により当時の生活や文化を体験できる。

NHKの大河ドラマをはじめ、テレビ・映画やCM撮影の舞台ともなっていて、ロケの見学も可能。収録予定の問い合わせにも応じている。

江戸東京たてもの園

住 東京都小金井市桜町
問 ☎042-388-3300

都内に残された歴史的建造物を、移築・復元し、文化遺産として次世代に継承することを目的に、都立小金井《こがねい》公園のなかに開園した野外博物館。
広さ約7万m²の園内には、江戸時代から昭和初期までの建築物27棟が立ち並ぶ。うち江戸時代の建築物は、園内最古の茅葺《かやぶき》民家・綱島《つなしま》家や旧自証院《きゅうじしょういん》霊屋《おたまや》の家など7棟。建物内では生活民俗資料などを展示し、往時の生活の諸相を再現。建物のなかは上がって見学できる。

信州ふるさとの杜《もり》 伊那谷《いなだに》道中

住 長野県飯田市箱川
問 ☎0265-28-1755

塩の道、伊那《いな》街道が「中馬《ちゅうま》」(宿場で馬を代えないスピード運送)でにぎわった宿場町の町並みを再現。見て、体験して、学んで、味わえるスポット。
伊那谷の産業を支えた中馬の歴史を伝える中馬館、庄屋《しょうや》を務めた旧家の屋敷、伊那谷民俗資料館など、30以上の施設が集まる。また見るだけでなく、陶芸・紙漉《かみす》き・草木染め・まゆ玉人形・機織《はたお》り・木工細工といった、昔ながらの素朴な伝統工芸の製作を体験できる施設も充実。

伊勢《いせ》おかげ横丁《よこちょう》

住 三重県伊勢市宇治中之切町
問 ☎0596-23-8838

伊勢《いせ》神宮内宮《じんぐうないくう》の門前町《もんぜんまち》、おはらい町通りの一画。伊勢がもっともにぎわいを見せた江戸時代末期から明治初期にかけての、伊勢路の代表的な建築物を移築・再現したスポット。
江戸時代、庶民にとって一生に一度は行きたい場所であり、全国からの「おかげ参り」の人々でにぎわった伊勢の歴史・風習・人情が体感できる。創業約３００年の歴史をもつ伊勢名物「赤福《あかふく》」を中心に43の店が軒を連ね、伊勢の風情を醸し出す。

甲賀《こうが》の里　忍術村《にんじゅつむら》

住 滋賀県甲賀町隠岐
問 ☎0748-88-5000

伊賀《いが》と並び称される甲賀流《こうがりゅう》忍術の発祥の地、甲賀に開かれたレジャーランド。昔ながらの隠れ里の雰囲気が漂う敷地内に、志能備《しのび》神社ほか各種の施設が点在している。

甲賀忍術博物館には、忍術三大秘伝書のひとつ『万川集海《ばんせんしゅうかい》』のほか、手裏《しゅり》剣《けん》、火器などの忍者の武器が展示されており、本来の「武士としての忍者像」を知ることができる。また、からくり屋敷は忍者の子孫の旧家屋で、抜け穴や隠し階段など40種の仕掛けがある。

東映太秦《とうえいうずまさ》映画村

住 京都市右京区太秦東蜂ヶ岡町
問 ☎075-864-7716

昭和50年（1975）に開村した、日本ではじめての映画テーマパーク。吉原《よしわら》の通りや、奉行所《ぶぎょうしょ》、江戸の町並み、宿場町など、時代劇のオープンセットが並んでいる。建物は、大通りに面した大店《おおだな》の側面が居酒屋になっているなど、撮影所ならではのもの。毎日のように撮影が行なわれるほか、大道芸や時代劇イベントなどが盛りだくさん。

本格的な衣装・結髪・メークで、時代劇の登場人物に扮《ふん》し、村内散策や、写真撮影をすることもできる。

肥前《ひぜん》夢街道

住 佐賀県嬉野町大字下野
問 ☎0954-43-1990

江戸時代初期の長崎《ながさき》街道を再現した、地方色豊かなテーマパーク。佐賀《さが》藩と長崎・大村《おおむら》藩の藩境にあった「俵坂《たわらざか》の関」を再現した門が入り口で、なかには代官所・本陣《ほんじん》・駕籠屋《かごや》溜《だま》りなどのほか、からくり夢幻屋敷、はがくれ忍者屋敷などの施設がある。園内では、ガマの油売りほか、数多くのアトラクションも行なわれている。

江戸時代の肥前は、焼物の里として有名。街道内の肥前夢工房では、絵付けやロクロ体験に挑戦できる。

江戸文化歴史検定

執筆……呉 光生
青木桃子
伊藤千栄子
柳沢文子
撮影……石塚よしひろ
写真協力……会津若松市
足立区
大阪歴史博物館
岐阜市歴史博物館
五稜郭タワー株式会社
埼玉県立博物館
品川歴史館
高山陣屋管理事務所
出島復元整備室
富岡八幡宮
萩市
山本屋
レイアウト……津村陽子
片岡良子
印刷設計……戸田茂生（日本写真印刷）
地図・イラスト……蓬生雄司
校正……オフィス・タカエ
編集協力……末吉正宏
森 桂子
タナカデザイン
編集……青木早智子
宇南山知人（小学館）
資材……横山 肇
制作……森川和勇
宣伝……青島 明
販売……荒井正雄
監修……東京都歴史文化財団 江戸東京博物館

江戸文化歴史検定公式テキスト【初級編】
大江戸見聞録

二〇〇六年七月二〇日 初版第一刷発行

編者――江戸文化歴史検定協会
発行者――柳町敬直
発行所――株式会社 小学館
〒一〇一―八〇〇一
東京都千代田区一ツ橋二―三―一
電話 編集：〇三（三二三〇）五一一七
販売：〇三（五二八一）三五五五
印刷所――日本写真印刷株式会社
製本所――牧製本印刷株式会社

Printed in Japan ISBN4-09-626601-9